おかしな猫が
ご案内

ニャンと明治時代はこうだった

JN208342

著 もぐら

目次

皆様 こんにちは
私は猫田と
申します
旅行会社に勤める
ごくごくフツーの
ツアーコンダクターです
我が社では
あらゆる星の
あらゆる国の
あらゆる地域の
あらゆる時代へ
お連れしています
はーいこちら
平安時代の
貴族でーす
へんなのー
ひぃ!!!
ガイドの為には
専門知識が
欠かせません
だから毎日毎日
勉強してます
猫でもわかる
地球のれきし
やさしい
明治時代
だけど私がんばる
がんばる私
超エライ
また人んちを勝手に
勉強部屋にしやがって

いつまで人んちを利用する気だゴラ
まあまあ いいじゃないの
猫スキ♡
こちらは鈴木さんご夫婦 私にごはんを貢いでくれてます
てめーがたかってんだろうが
鈴木さんとはとあるトラブルでお知り合いになりました
こうして飯の種になるとは人の縁って不思議ですね
人…?
詳しいことは「お江戸はニャンとこうだった」「ニャンと室町時代に行ってみた」をどうぞご覧ください♡
おかしな猫がご案内
ニャンと室町時代に行ってみた
もぐら
おかしな猫がご案内
お江戸はニャンとこうだった
もぐら
でも別に続きものではありませんのでコレ一冊でも十分楽しめますよ
何の話だよ

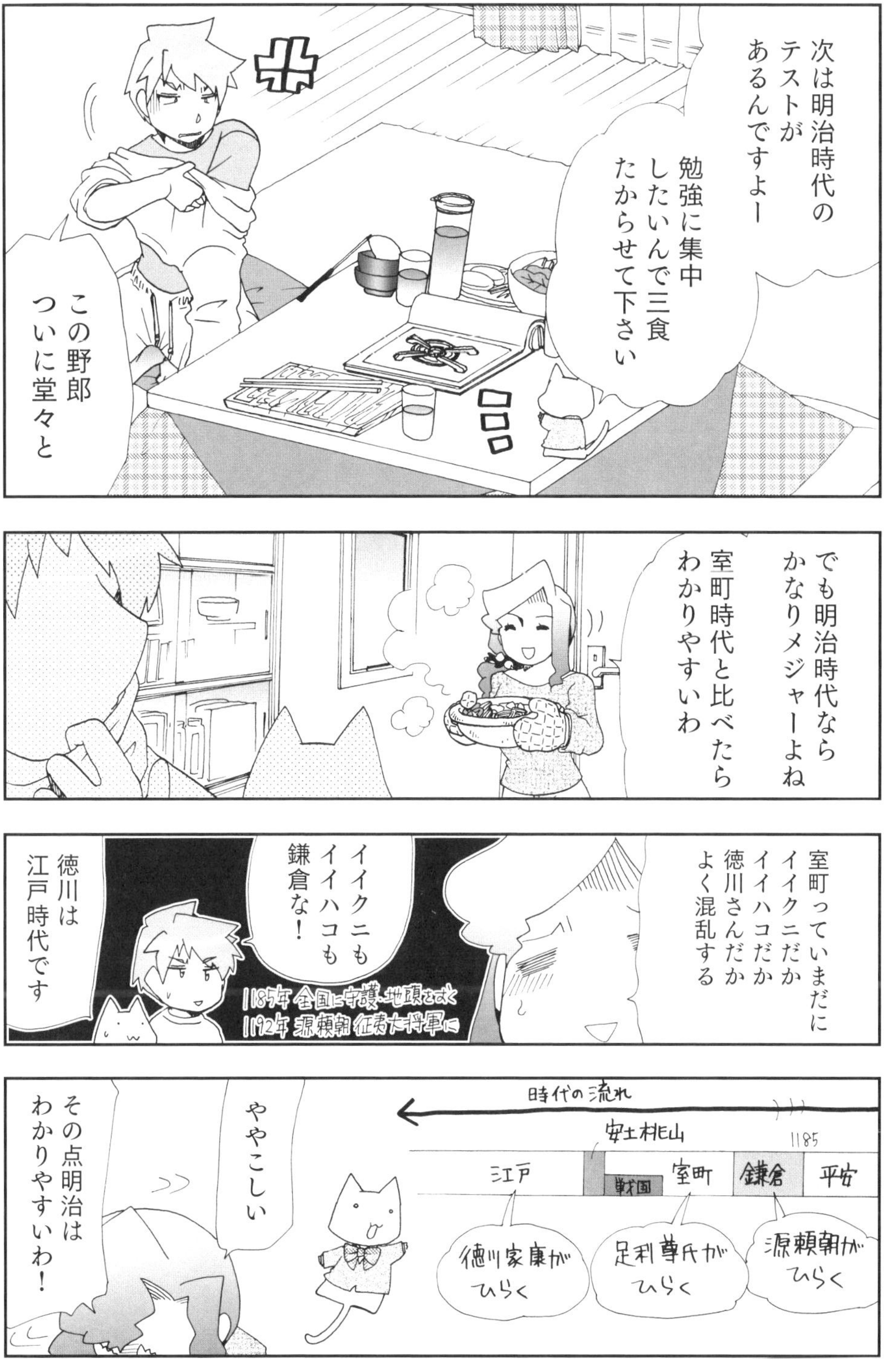

次は明治時代のテストがあるんですよー
勉強に集中したいんで三食たからせて下さい
この野郎ついに堂々と
でも明治時代ならかなりメジャーよね
室町時代と比べたらわかりやすいわ
室町っていまだにイイクニだかイイハコだか徳川さんだかよく混乱する
イイクニもイイハコも鎌倉な!
1185年 全国に守護・地頭をおく
1192年 源頼朝 征夷大将軍に
徳川は江戸時代です
時代の流れ
安土桃山
1185
江戸
戦国
室町
鎌倉
平安
徳川家康がひらく
足利尊氏がひらく
源頼朝がひらく
ややこしい
その点明治はわかりやすいわ!

いろいろ遅れていた江戸時代 黒船が来て開国して
キャー！
くろふね
西洋に追いつけ追いこせってがんばった時代でしょ
わかりやすいしドラマもロマンもあるわよね！
確かにわかりやすいな
幕末の動乱とかよくドラマや小説になってるし…馴染みがある
ツアー的に行きたいですか？
行きたくはない
でも少しうらやましい時代だよ
「西洋に追いつけ追いこせ」って明確な目標があったわけだろ
国として進むべき道がハッキリわかってるのっていいよな

今はホラちょっと
その辺よく
わかんないだろ
失われた十年
バブル崩壊
ゆとり世代
景気停滞
デフレーション
少子高齢化
ああ…
ひとつひとつの制度は
「○○国を見習え」みたいに
言われることもあるけど
明確に目標にしてるって
国はもうないわよね
アメリカも
貧富の差が
激しいとか
マイナス面が多く
知られるように
なってきたしな～
だろ
「今やどの国より
日本が優れてる」
なんてワケじゃ
ないけどさあ
これから日本が
どんな方向に
進んでいくのか
がんばれ
がんばれって
どう
がんばれば
いいのか
理想となる
明確な目標と
なる他国は
もうない
その点
明治は西洋っていう
明確な目標が
あったわけだから…
そうね
迷わないって
うらやましいわ
迷ってましたよ

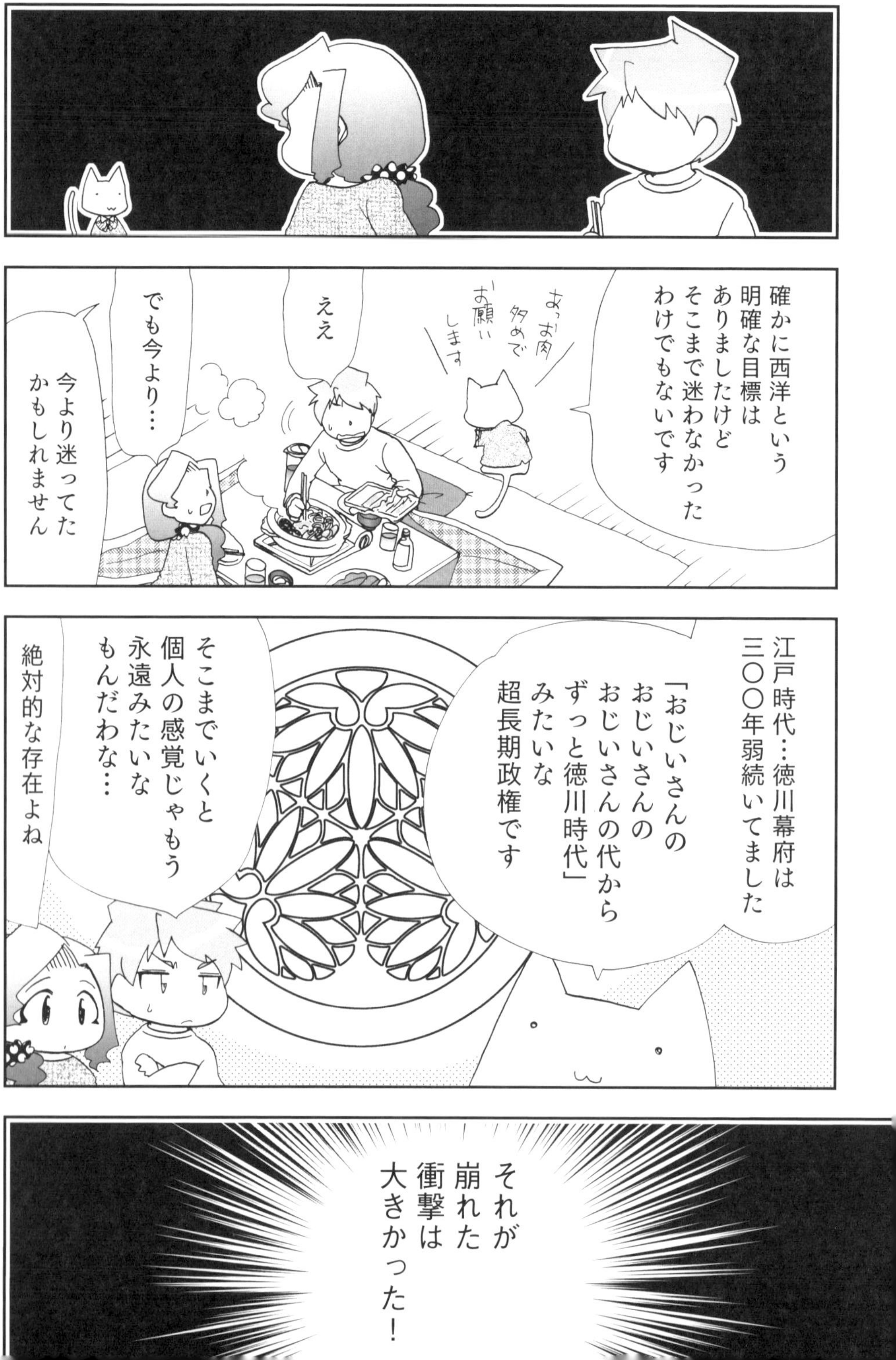

確かに西洋という
明確な目標は
ありましたけど
そこまで迷わなかった
わけでもないです
あっお肉多めでお願いします
ええ
でも今より…
今より迷ってた
かもしれません
江戸時代…徳川幕府は
三〇〇年弱続いてました
「おじいさんの
おじいさんの代から
ずっと徳川時代」
みたいな
超長期政権です
そこまでいくと
個人の感覚じゃもう
永遠みたいな
もんだわな…
絶対的な存在よね
それが
崩れた
衝撃は
大きかった!

今まで常識だと思ってたことが否定される
今までダメだと言われてたことが奨励される
異人の学問など武士のやることじゃない
アイ ハブ ア ペン～
後進国は植民地にしても許される
イヤでもどんどん変わっていく
しかも変わらなきゃ西洋とかに侵略されて植民地にされる危機
いろんな分野で西洋のものがもてはやされて
芸術も西洋だよ 日本のものは古い
かと思ったら反動で日本のものに回帰して
考えなしに何でもかんでも西洋がいいってアホじゃねーの
日本の良さを再認識すべきだ
もう何が何だかの大・混・乱!!
確かに当時の日本は西洋を目標としてました
でも単純なお二人が考えるほど単純なものでもなかったんですよ
そうね単純な話じゃないわよね…
おい今サラッと俺らの悪口言わなかったか？

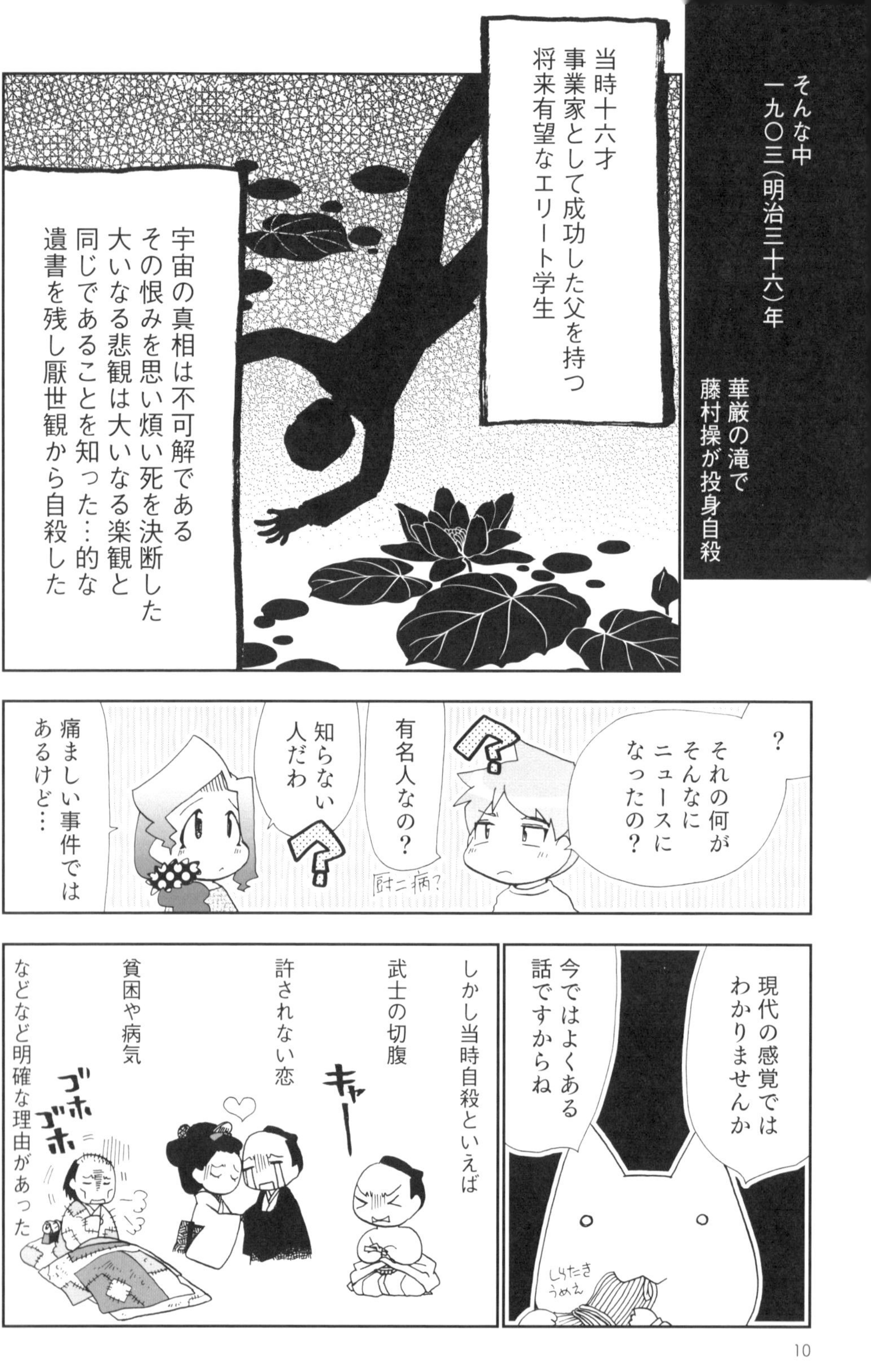
そんな中
一九〇三（明治三十六）年
華厳の滝で
藤村操が投身自殺
当時十六才
事業家として成功した父を持つ
将来有望なエリート学生
宇宙の真相は不可解である
その恨みを思い煩い死を決断した
大いなる悲観は大いなる楽観と
同じであることを知った…的な
遺書を残し厭世観から自殺した
？
それの何が
そんなに
ニュースに
なったの？
有名人なの？
知らない
人だわ
厨二病？
痛ましい事件では
あるけど…
現代の感覚では
わかりませんか
今ではよくある
話ですからね
しらたき
うめぇ
しかし当時自殺といえば
武士の切腹
キャー
許されない恋
貧困や病気
ゴホ
ゴホ
などなど明確な理由があった

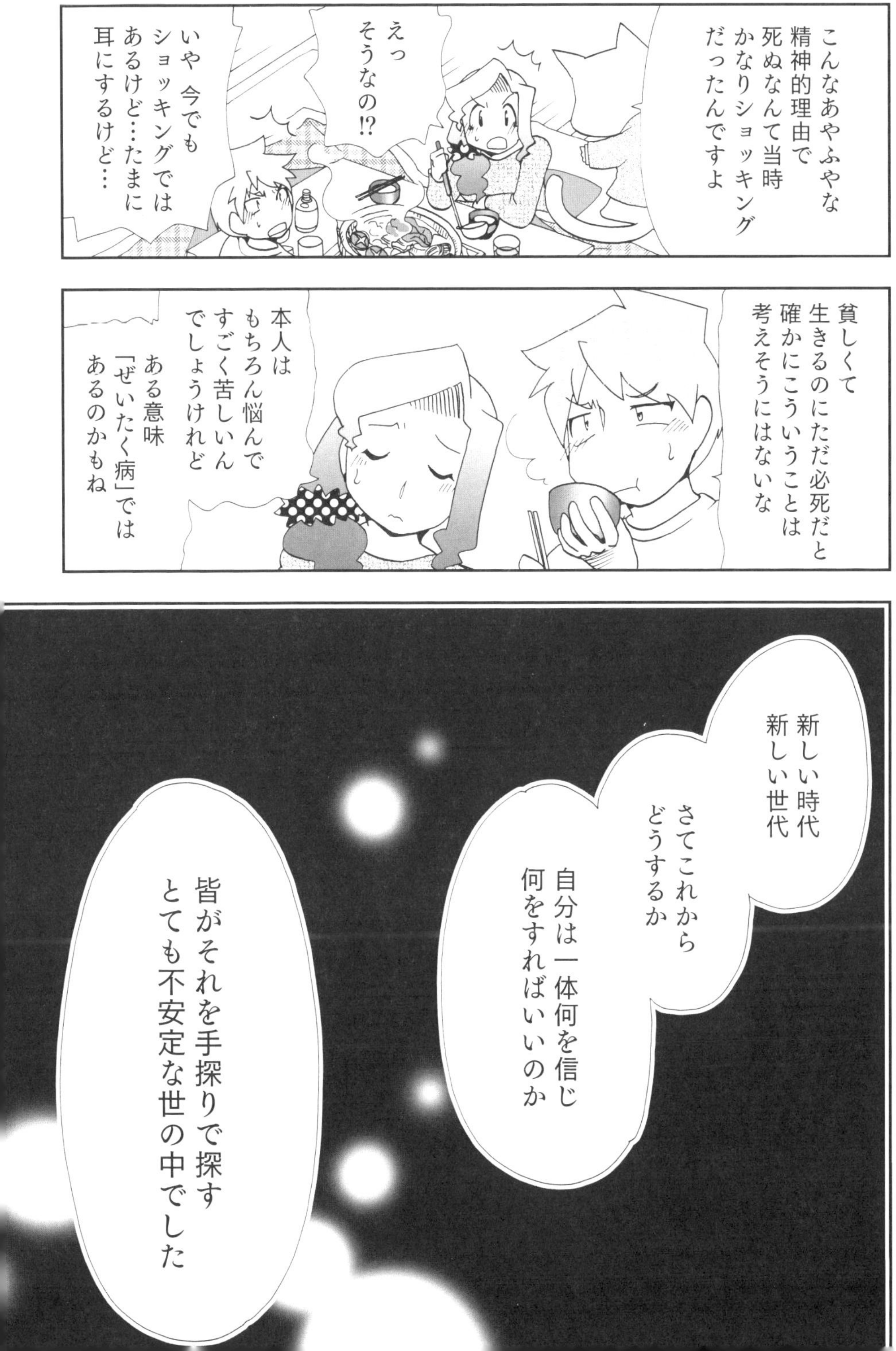

こんなあやふやな精神的理由で死ぬなんて当時かなりショッキングだったんですよ
えっ そうなの⁉
いや 今でもショッキングではあるけど…たまに耳にするけど…
貧しくて生きるのにただ必死だと確かにこういうことは考えそうにはないな
本人はもちろん悩んですごく苦しいんでしょうけれど
ある意味「ぜいたく病」ではあるのかもね
新しい時代 新しい世代
さてこれからどうするか
自分は一体何を信じ何をすればいいのか
皆がそれを手探りで探す とても不安定な世の中でした

後追い自殺も増えて
藤村操の死後4年で
華厳の滝で自殺しようと
した人は200人弱だとか
うち本当に亡くなったのは40人ほど
おはし
それだけ
共感する人が
多かったんですね
ある意味
迷惑な話だな
つまり「現代の
ストレス大国日本」は
ここからはじまった
自殺大国
ニッポン!!
そうかなあ!?
江戸時代までが
本当の「昔」
明治時代こそ
「現代日本」へと変わる
ターニングポイント
だったのです
猫田以前
「室町時代こそ
日本の原型が
できた時代」みたいな
こと言ってたのに
それはそれ
これはこれ

ターニングポイント…
時代劇とか見ると確かに今の生活とは全然違うわね
みんな着物ちょんまげ
カタナ
サムライ
小さい子が学校行かずに働いて
その通り！その辺は明治をきっかけに変わったのです
激動の明治時代…不安定な世の中でかつての日本人達は悩み苦しみながら今の日本を作ってくれたのです感謝したいですね
今の「ストレス大国日本」を…
そこ取りあげんのやめろ！
明治時代とはそういう時代だったのです
ツアー的に行きたくなりましたか？
練習につれていってあげなくもない
行きたくはない！

第1章

明治時代の化粧法
美しい？ それともヘン？

女優さんはキレイね――
衣装も細かいとこまでしっかりキレイで見ごたえある
こういうのちゃんと専門家が考証してるんでしょうね
でも 明らかに当時の習俗としておかしいところありますよ
えっどこ？
既婚設定なのに眉そり・おはぐろしてない！
眉はそる
口紅ちょびっと
おしろい（舞妓さんみたいにまっしろ）
おはぐろ
当時の既婚女性（時代・地域による）
そんなの正しくても見たくない

当時の化粧
わっかんない
本当
意味が
わかんない!!
とは言っても
おしろいは
まだわかるのよ
パフ
パフ
あんまり
まっ白すぎると
違和感あるけど
「肌の白いは
七難隠す」とか
よく言うし
現在でも欧米人が
目や口などの
ポイントメイクを
重視するのに対し
日本女性は
美肌・美白志向が
強いと聞きますね
昔の中国でも
白くなめらかな肌は
美人の条件で
美しい肌は
ラードに
たとえられ
称えられて
いました
ラード
固まった
脂肪のこと
…ラード?
??
ラード
あなたの肌は
ラードのようだ!!
ほめ言葉

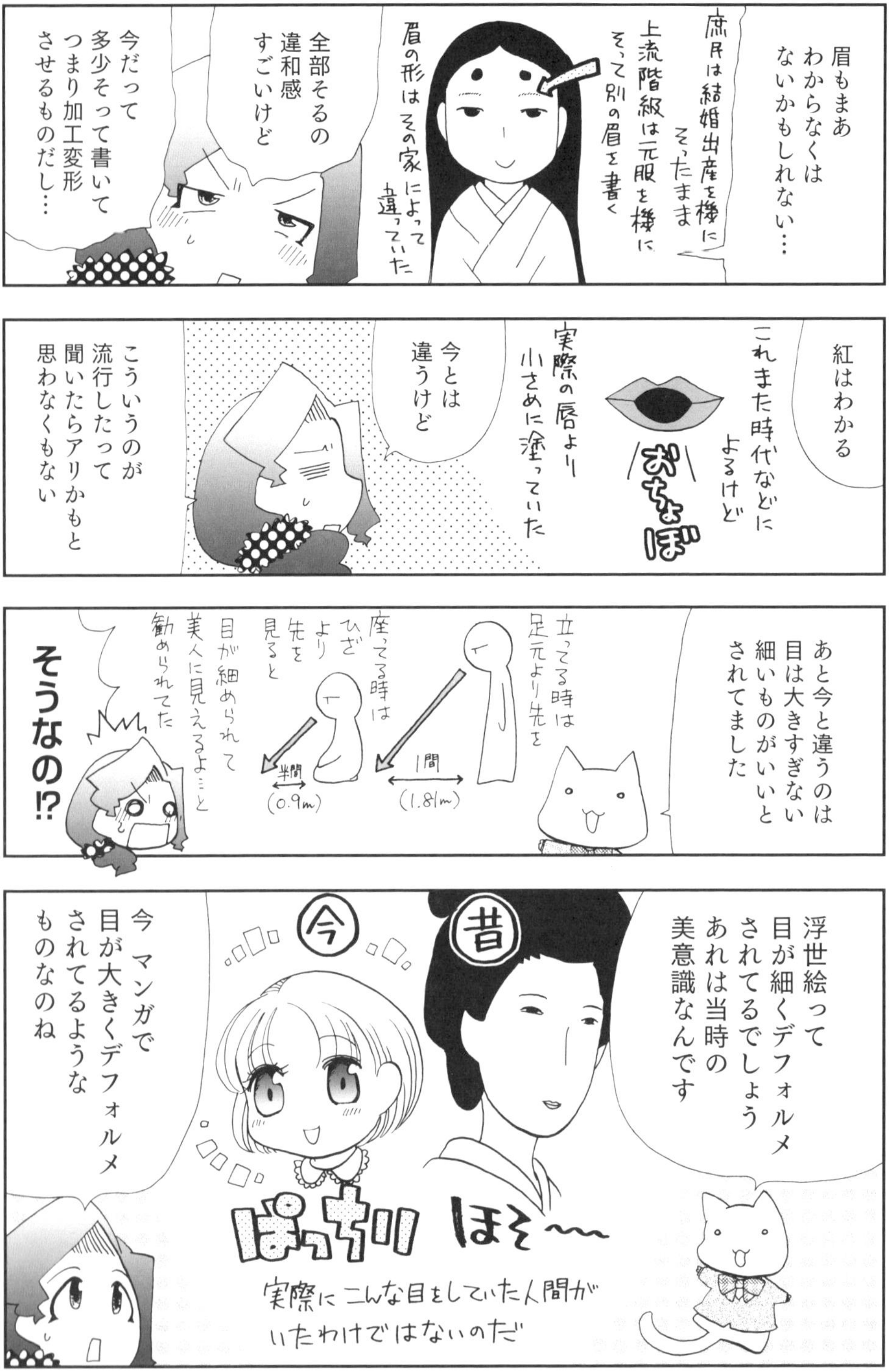
眉もまあ
わからなくは
ないかもしれない…
庶民は結婚出産を機に
そったまま
上流階級は元服を機に
そって別の眉を書く
眉の形はその家によって
違っていた
全部そるの
違和感
すごいけど
今だって
多少そって書いて
つまり加工変形
させるものだし…
紅はわかる
これまた時代などに
よるけど
実際の唇より
小さめに塗っていた
おちょぼ
今とは
違うけど
こういうのが
流行したって
聞いたらアリかもと
思わなくもない
あと今と違うのは
目は大きすぎない
細いものがいいと
されてました
立ってる時は
足元より先を
1間
(1.81m)
座ってる時は
ひざ
より
先を
見ると
半間
(0.9m)
目が細められて
美人に見えるよ…と
勧められてた
そうなの!?
浮世絵って
目が細くデフォルメ
されてるでしょう
あれは当時の
美意識なんです
昔
今
今 マンガで
目が大きくデフォルメ
されてるような
ものなのね
ぱっちり ほそ〜
実際にこんな目をしていた人間が
いたわけではないのだ

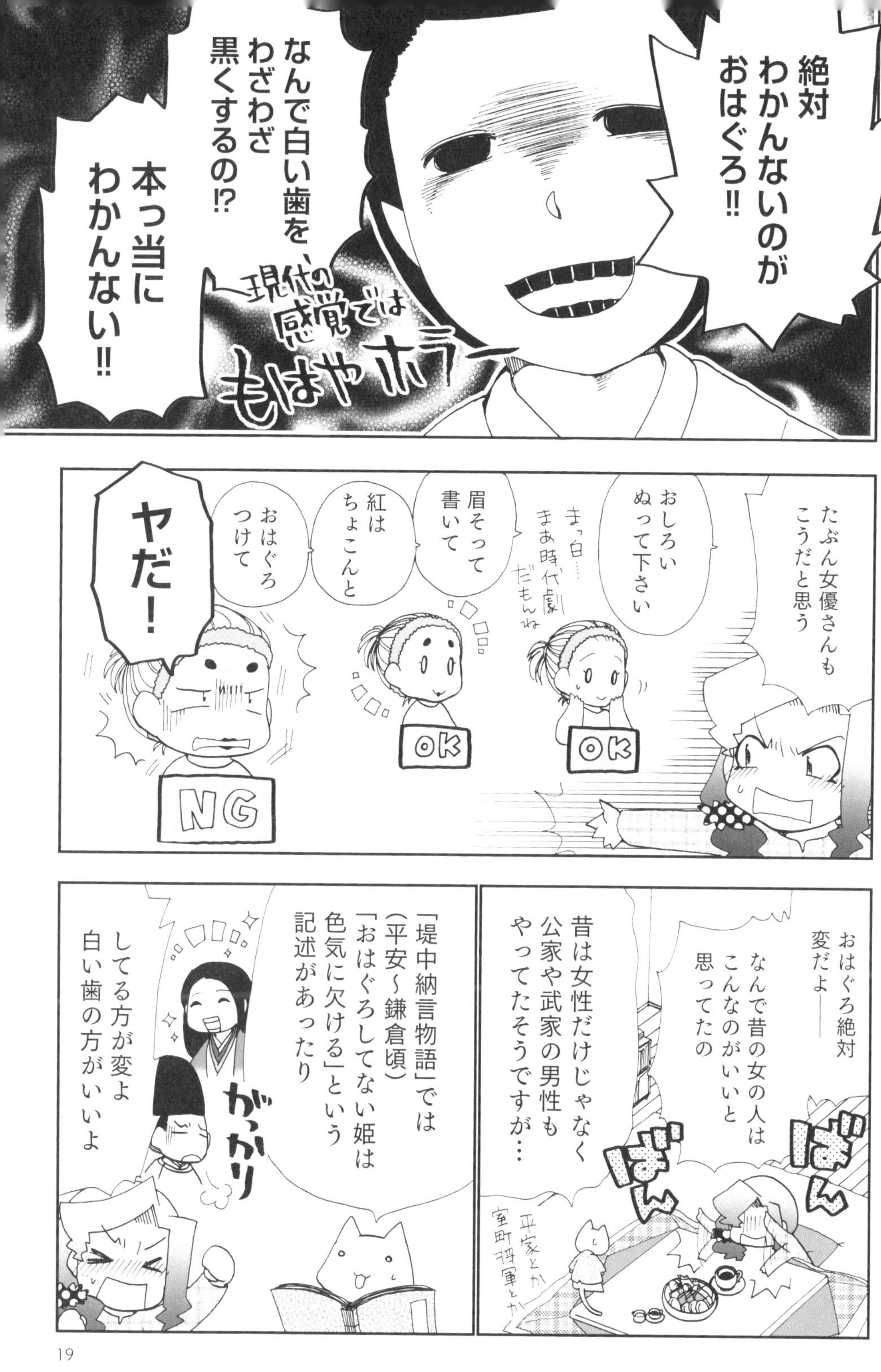
絶対わかんないのがおはぐろ!!
なんで白い歯を、わざわざ黒くするの!?
本っ当にわかんない!!
現代の感覚ではもはやホラー
たぶん女優さんもこうだと思う
おしろいぬって下さい
まっ白…まあ時代劇だもんね
眉そって書いて
紅はちょこんと
おはぐろつけて
ヤだ!
OK
OK
NG
おはぐろ絶対変だよ——
なんで昔の女の人はこんなのがいいと思ってたの
昔は女性だけじゃなく公家や武家の男性もやってたそうですが…
平家とか室町将軍とか
ばんばん
「堤中納言物語」では(平安～鎌倉頃)「おはぐろしてない姫は色気に欠ける」という記述があったり
がっかり
してる方が変よ白い歯の方がいいよ

この作者だって江戸時代ネタ書いた時おはぐろとかさせなかったじゃん
ぎくっ
ずいっ
おかしな猫がご案内
お江戸はニャンとこうだった
見てね!!
現在の価値観からかなり違和感あるものは猫写を遠慮させて頂きました!!
ドラマとか漫画とかではおはぐろは大抵なかったことにされるんですよね〜〜
だって変だもん
絶対変だもん
何で存在してたのよ
小説では時々見る
何でと言われたら虫歯や歯周病対策という理由もあります
虫歯菌
カキーン
おはぐろコーティング
歯
カキーン
つける前は歯のよごれをとりのぞくため
キレイ♡
へー…
今ほどケアグッズもないだろうし
衛生の為といわれたら理解はできるわ

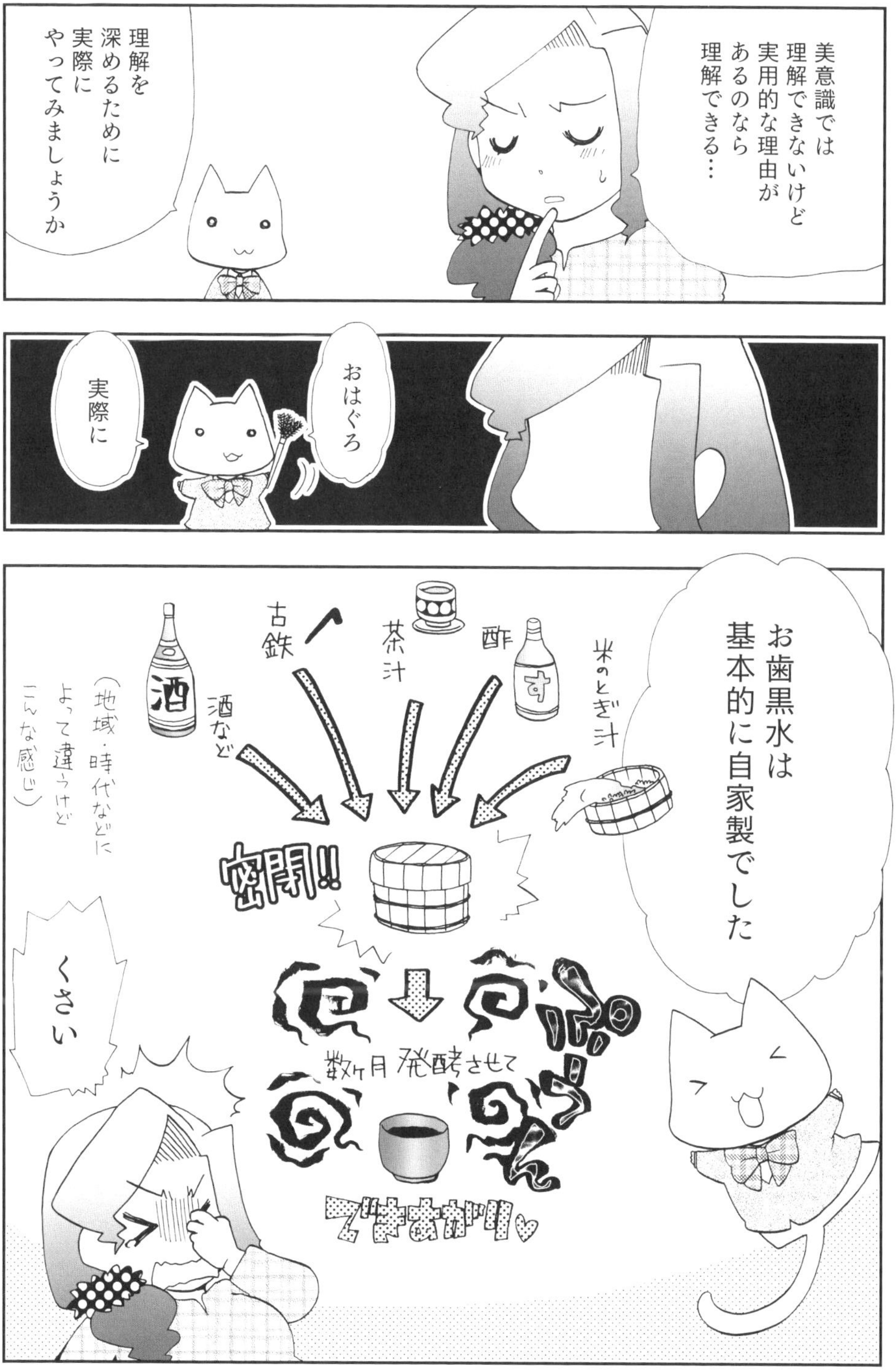

美意識では
理解できないけど
実用的な理由が
あるのなら
理解できる…
理解を
深めるために
実際に
やってみましょうか
おはぐろ
実際に
お歯黒水は
基本的に自家製でした
米のとぎ汁
酢
茶汁
古鉄
酒など
(地域・時代などによって違うけどこんな感じ)
密閉!!
数ヶ月発酵させて
できあがり♡
くさい

そして日本中に自生するウルシ科のヌルデにできる虫こぶを乾燥させて粉にした「五倍子粉《ふしのこ》」
葉っぱにいびつな実みたいにできる
木の粉？
ヌルデノミミフシアブラムシが寄生してできます
そのゴマ粒ひとつひとつが昆虫
割ると黒っぽいゴマ粒があり
ムシ
お歯黒水を使うぶんだけとって火にかけて
げほ
げほ
発酵させた酢がさらにひどいことに
これを塗った上から五倍子粉を交互にぬってできあがり♡
あああ
ああ
ああ
にがいまずい

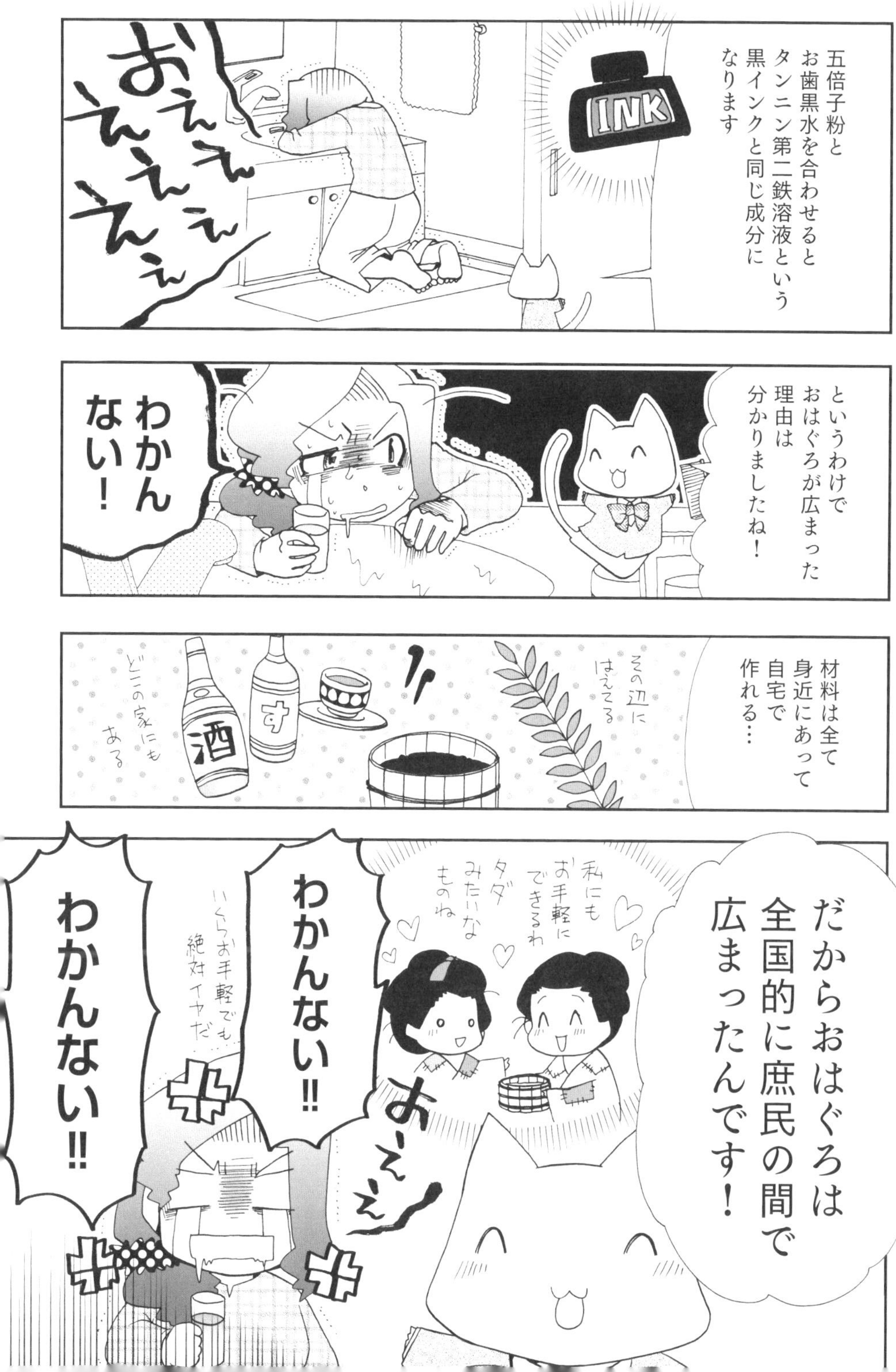
五倍子粉と
お歯黒水を合わせると
タンニン第二鉄溶液という
黒インクと同じ成分に
なります
INK
おえええ
というわけで
おはぐろが広まった
理由は
分かりましたね！
わかんない！
材料は全て
身近にあって
自宅で
作れる…
その辺に
はえてる
す
酒
どこの家にも
ある
だからおはぐろは
全国的に庶民の間で
広まったんです！
私にも
お手軽に
できるわ
タダ
みたいな
ものね
わかんない!!
いくらお手軽でも
絶対イヤだ
わかんない!!
おえぇ

江戸時代後半くらいになると薄化粧になってきました
おしろいや紅は毎日やるものではなくよそ行き時の化粧でした
ふだん
少なくとも庶民はそんな感じ
はだいろ
しろいろ
でもおはぐろと眉そりは「身だしなみ」として既婚や子持ちの女性は毎日やっていたのです
庶民は子どもができたら眉そりしてた
うえっぷ
ゴーモンだわ
確かに眉がないと一気に老けた印象になるので
妊娠がわかってうれしいけど眉が〜〜
みたいな気持ちになったそうですし
浮世絵では子持ちでも「美人画」なら眉ありで書いたりしたんですよね
子持ちなのに眉あり
うえー
問題はそっちじゃない

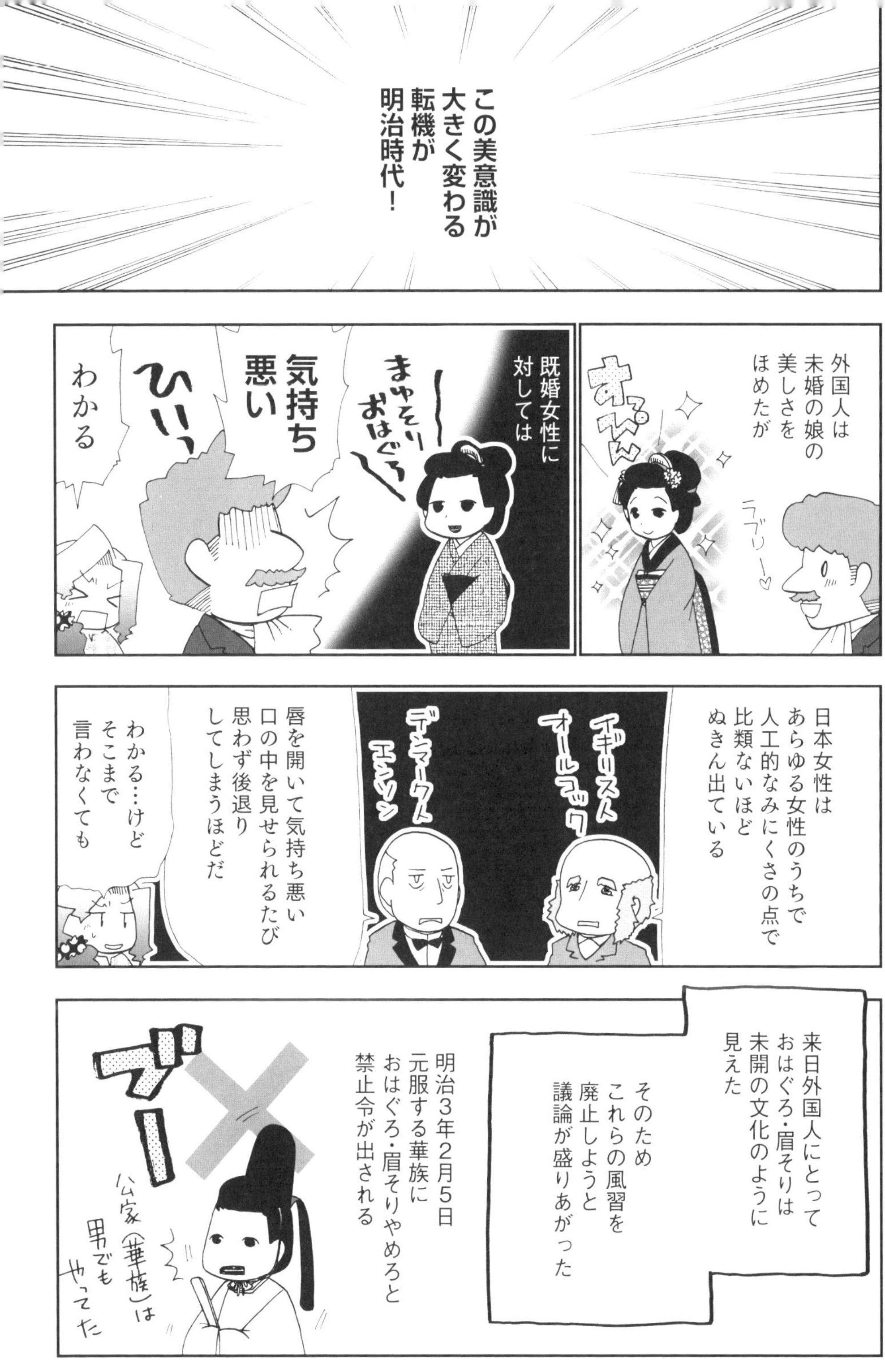
この美意識が
大きく変わる
転機が
明治時代！
外国人は未婚の娘の美しさをほめたが
ラブリー♡
既婚女性に対しては
まゆそり
おはぐろ〜
気持ち悪い
ひいっ
わかる
日本女性はあらゆる女性のうちで人工的なみにくさの点で比類ないほどぬきん出ている
イギリス人オールコック
デンマーク人エンソン
唇を開いて気持ち悪い口の中を見せられるたび思わず後退りしてしまうほどだ
わかる…けどそこまで言わなくても
来日外国人にとっておはぐろ・眉そりは未開の文化のように見えた
そのためこれらの風習を廃止しようと議論が盛りあがった
明治3年2月5日元服する華族におはぐろ・眉そりやめろと禁止令が出される
ブー
公家（華族）は男でもやってた

つまり当時の外国人から見ておかしいってことで規制されたわけね
同じ時代の人たちから見てもおかしかったのね
そうですね
ヨーロッパでは美しい白い歯は伝統的に美人の条件でよく真珠や象牙にたとえられました
白い歯こそが美しい!!
だから彼らに歯をまっ黒に染める「おはぐろ」は受け入れられなかったのでしょう
でもこれはいい変化だわ——
現在おはぐろが廃れててよかった
あんなの絶対やりたくなーーい
猫ちゃんも「眉そり実は嫌がる女性もいた」って言ってたもんね
おはぐろもやらなくていいってなったら皆さっさとやめたんでしょう
いいえ

今から見ると ものすごくおかしく 見えるでしょうが
当時の人々には それが普通でした
何百年と続いた 「普通」でした
それに美意識の問題 だけではなく 身だしなみ… マナーの問題でも あったのです
リクルートスーツ だって没個性とか 皆同じで 気持ち悪いとか 言われても 皆やめないでしょ
あ――コレ…まず 自分一人やめるの 勇気いりそう…
和歌山の歯医者さん 中村好正さんの調査によれば 明治二十六年に来た患者さん 既婚女性二八八人中 おはぐろつけてる人は 二〇二人だったそうです
既婚女性 288人のうち
86人 おはぐろなし
202人 おはぐろ
約70%

明治二十六年？
明治に入って二十年以上経っててても七割おはぐろ
そんなもんなの？
外国人にヘンって思われて早くなんとかしなきゃってなったんじゃないの？
そんなもんです

政府主導で急速に近代化は進められましたが
庶民の価値観…美意識はそうたやすく変わりませんでした
明治のころ
大正のころ
働く女性たち モダンガールが登場しはじめる
昭和初期
少しずつ少しずつ 本当に変わっていったんです

眉そりも特に地方ではかなり残ってましたが
明治末期頃には若い女性に太眉が流行し
明治四十年時事新報社による美人コンテスト
上位者はたいていややぽっちゃりでりりしい太眉でぱっちりした目
細い目が美人だった頃とはもう違う
髪型もどんどん日本髪から洋風になり
日本髪に着物だと洋風化粧はなんだかおかしい…
日本髪をアレンジした和洋折衷の「束髪」が明治三十年代後半に流行
リボンや造花など洋風の小物をつけていた
今まで白一色だったおしろいに「肉色」が出て
ま、白にするのではなく本来の自然な肌!!を美しく見せる方向にチェンジ
鉛白粉の毒性が知られてきたことも原因なのかもしれない
肉色?
肉色
「肌色」と言われるのは大正～昭和初期ごろから

ちょっとずつ
ちょっとずつ
変わっていった…
…「ちょっと」も
積み重なっていったら
こんなに全然変わるのね――
ビフォー
細い目
おはぐろ
眉なし
おちょぼぐち
肌まっしろ
アフター
白い歯
肌色
茶髪
ぱっちり大きな目
まつげ二重
昔の面影
見当たらない
個人的には
変わってくれて
よかったけど
おはぐろ眉そり
本当変としか
思えなーい
美意識はかなり
変わりましたよね
でも日本人が
化粧に思う
芯となる部分は
変わってないと
思いますよ

芯?
化粧の?
日本女性にとって「化粧は身だしなみである」ってところです
西欧の女性はそんなに化粧しないそうですよ
国や年代によるけど
化粧よりも香水重視かも
ドイツでは「すっぴん」にあたる言葉がないとか
化粧しない方が当然だからしいです
そうなの!?
楽そうで羨ましいっ

日本では専門職とか
衛生的な理由で
化粧不可って職でも
ない限り社会に出たら
フツー化粧必須よね
こんなの
アレルギーとかで
できない人も
いるだろうけど
よく考えたら
事務職とか
別に必要でもない人も
多いだろうに
どうしてかしら
一日
パソコンの
前でも
キャん
専業主婦でも
買い物行くとき
すっぴんだと
何となく
気後れするわ
こそこそ
おどおど
買い忘れに
後で気付いて…
店員さんは
あんまり
気にしませんよ
ところで何を
買いに行ったんです？
猫ちゃんの
カツオブシ
妻君は
すっぴんでも
キレイです！
めんどくさいから
日本も化粧しないのが
普通の社会に
なればいいのに
確か
ここに…
そう
ですか？

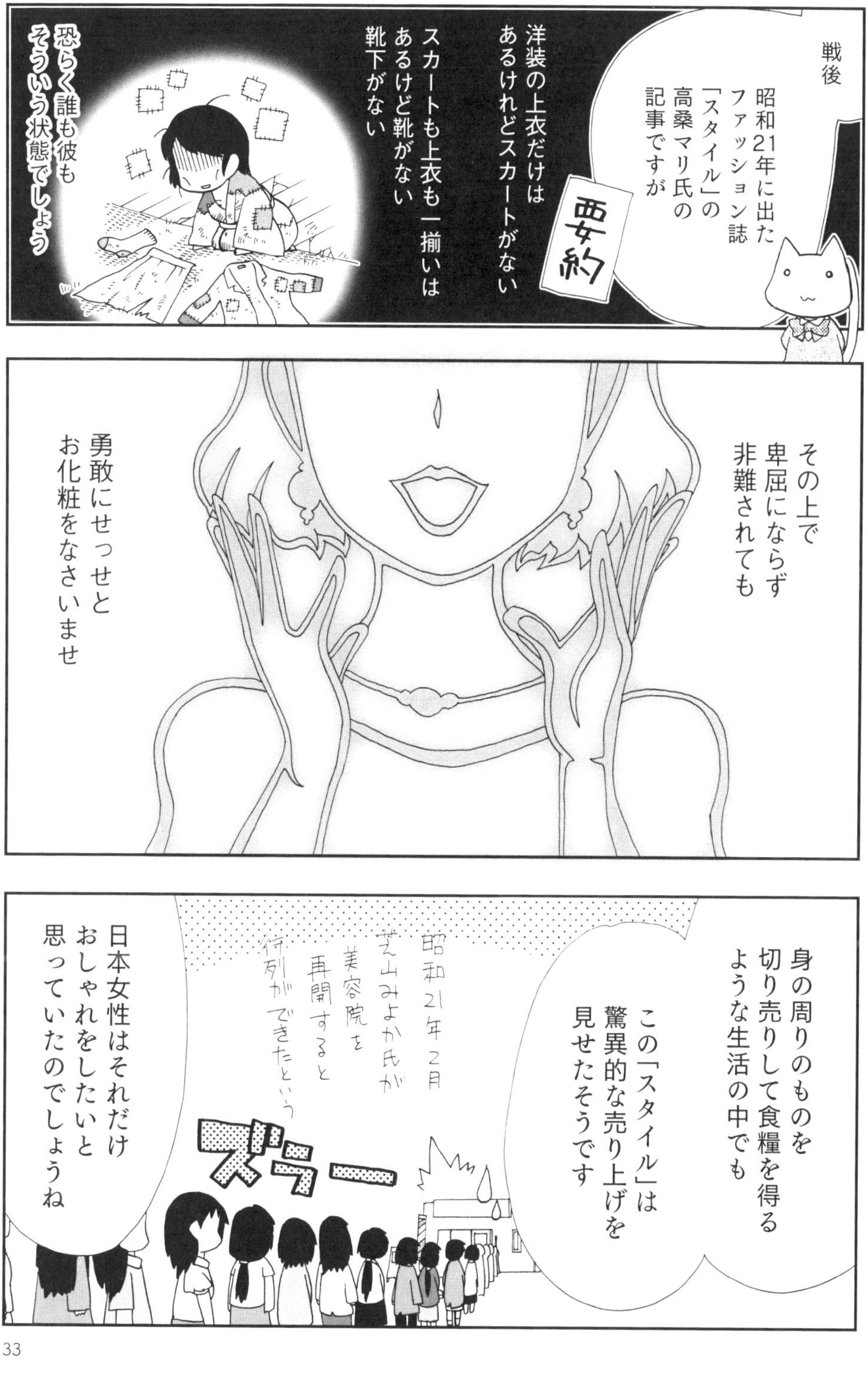
戦後
昭和21年に出たファッション誌「スタイル」の高桑マリ氏の記事ですが
要約
洋装の上衣だけはあるけれどスカートがない
スカートも上衣も一揃いはあるけど靴がない
靴下がない
恐らく誰も彼もそういう状態でしょう
その上で卑屈にならず非難されても
勇敢にせっせとお化粧をなさいませ
身の周りのものを切り売りして食糧を得るような生活の中でも
この「スタイル」は驚異的な売り上げを見せたそうです
昭和21年2月芝山みよか氏が美容院を再開すると行列ができたという
ズラー
日本女性はそれだけおしゃれをしたいと思っていたのでしょうね

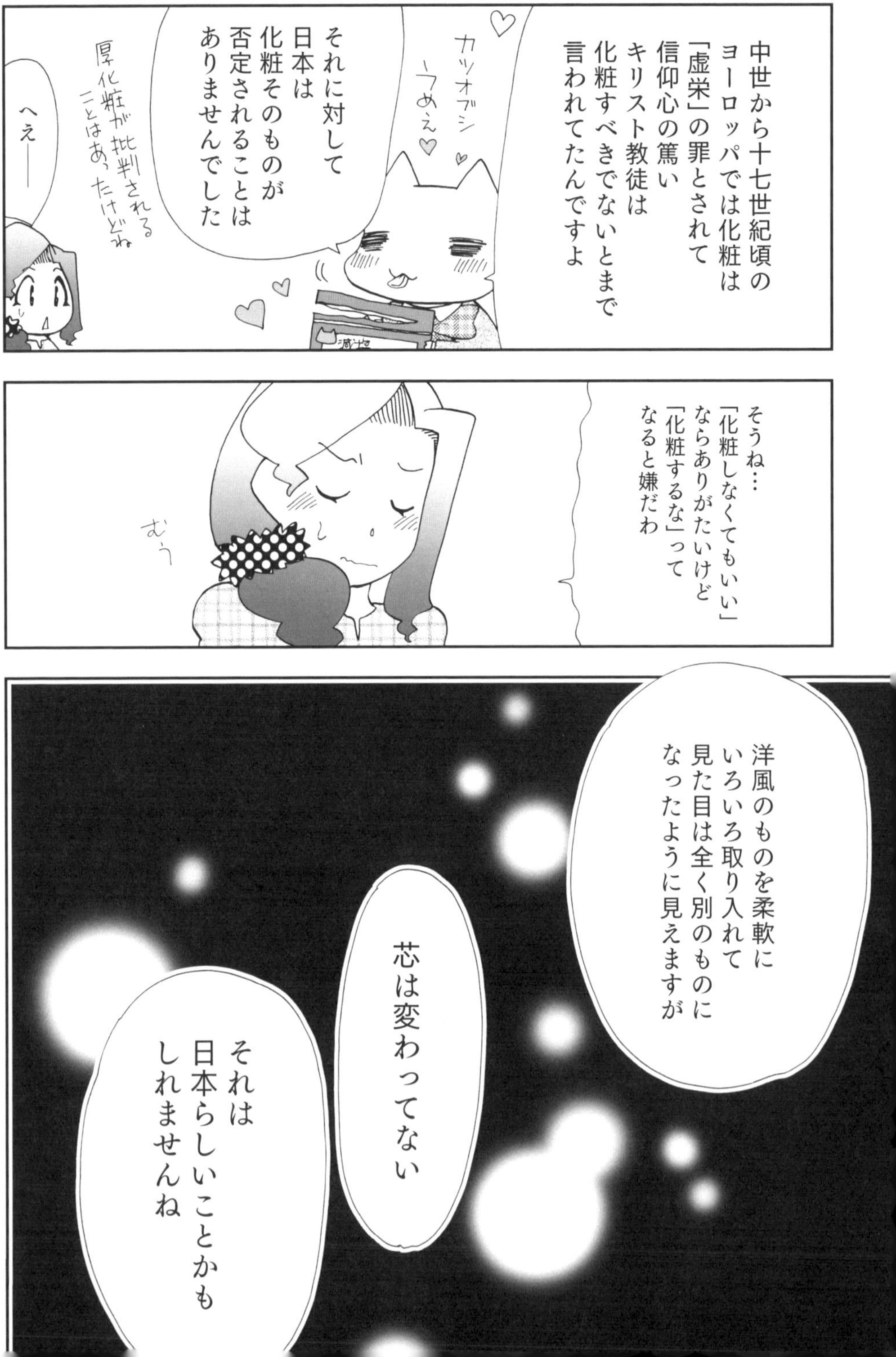

中世から十七世紀頃のヨーロッパでは化粧は「虚栄」の罪とされて信仰心の篤いキリスト教徒は化粧すべきでないとまで言われてたんですよ
カツオブシうめぇ
それに対して日本は化粧そのものが否定されることはありませんでした
厚化粧が批判されることはあったけどね
へぇ――
そうね…「化粧しなくてもいい」ならありがたいけど「化粧するな」ってなると嫌だわ
むぅ
洋風のものを柔軟にいろいろ取り入れて見た目は全く別のものになったように見えますが
芯は変わってない
それは日本らしいことかもしれませんね

そうね
昔の人たちも
キレイになりたいって
思っていて
それは社会的に
否定されること
ではなかったのね
かおまっしろ
まゆなし
おはぐろ
…いやでも
やっぱりアレが
「キレイになりたい」って
思った結果だとは
とても思えない…
本当にどうしてアレが美人だったの
美意識 本当
変わりましたね――

COLUMN
01

明治に確立された「男らしさ」

「化粧は女性のもの」と思われがちですが、ときに権力や財産の証として、男性は女性以上に化粧に力を入れてきました。メーキャップや頭髪に手を加えたのは公家だけではありません。戦国時代にも、死地におもむく決意や取られた首の美しさなど、武士の意地の表現として化粧が盛んに行われました。江戸時代後期になると、一見さりげなく実は入念に計算された「いき」が流行。人目につかないところに手間をかけるようになりました。

こうした男性の化粧に大きな変化が起きたのが、明治時代です。まず、明治4年（1871）に「散髪脱刀令」が発令。文明開化のもと、ちょん髷を切って月代《さかやき》を伸ばす「ざんぎり頭」の推進が政府主導で行われました。発令後も髷に執着する人が多かったようですが、明治天皇が断髪して模範を示したことで、庶民の間にも断髪する人が続出したといいます。

「ざんぎり頭」は古来より長髪だった日本男子の歴史上初のショートヘアとなりました。今日の「サラリーマンスタイル」ともいえる髪型の原型が、急速に全国に広まっていったのです。ちなみに、バリカンが初めて日本にもたらされたのは明治16年（1883）頃。学生や軍人、職人の髪型として五厘

刈り（2ミリ程度の坊主頭）が定着する一方、上流階級などでは長刈りまたは鋏《はさみ》刈りといって、バリカンは使わずはさみだけでカットしていました。

また、明治時代では髭をたくわえることが復活します。明治天皇や大久保利通、伊藤博文などの写真を見ると、立派な髭がたくわえられています。当時、西欧でも髭がブームだったこともあり、髭は社会的地位の高さをあらわすステイタスシンボルとして流行していきました。明治20〜30年頃にはもみあげを伸ばすことが流行し、なかには顔の半分近くが毛で覆われるスタイルも。明治末期になると耳たぶの下のラインでもみあげを切りそろえるのがハイカラとされました。髭やもみあげにも流行があったのです。

一方で、身だしなみに気をつけなければならないが、男性はおしゃれに気を使う姿を人前では見せてはならないという風潮も確立します。男性は短髪で加工をしていない顔にズボン姿が模範とされ、メーキャップや華美で装飾的な衣装は女性のものとして位置付けられるようになります。

「富国強兵」をスローガンに掲げる明治政府にとって、兵力、労働力となる男性に化粧は不要なものでした。生活様式の洋風化を図った明治時代では、髪型と髭の2点で男性の化粧に新しい動きが生まれましたが、「男子たるもの、おしゃれに気をとられてはならない」といった「男らしさ」の規定と強制も生み出したといえます。

第2章
明治時代の差別意識はどうだった!?

ん？
○○人に日本が滅され
▶日本で犯罪し放題
▶犯罪白書より
▶報道されない日本人の知らない○○人の
マスコミは腐っている
通名で犯罪をやり
ごはんよ——
ああ…

でね 次の マンション管理組合の 役員は12階の人に 決まったのよ
ふーーん
確か リーさんって人
えっ
それって… 外国人?
うん×国の人
永住権とってるそうで…
それ 大丈夫なの?
いや×国の人って… なんかあんま いいウワサ 聞かねーし…
ええ―― 何それっ

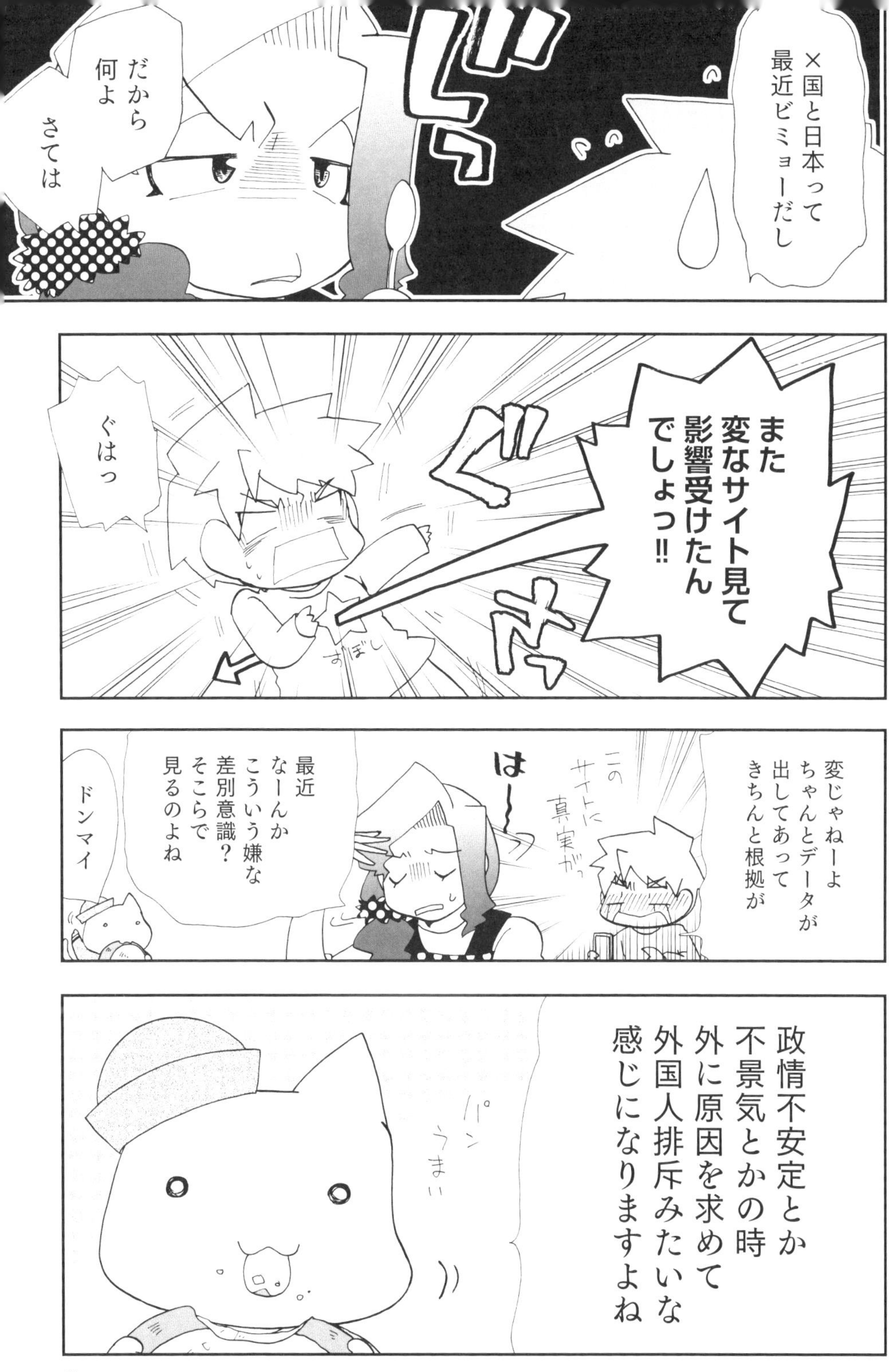

×国と日本って
最近ビミョーだし
だから
何よ
さては
また
変なサイト見て
影響受けたん
でしょっ‼
ずぼし
ぐはっ
変じゃねーよ
ちゃんとデータが
出してあって
きちんと根拠が
このサイトに真実がっ
は〜っ
最近
なーんか
こういう嫌な
差別意識？
そこらで
見るのよね
ドンマイ
政情不安定とか
不景気とかの時
外に原因を求めて
外国人排斥みたいな
感じになりますよね
パンうまい

猫ちゃんとこもそーなの？
確かに今不景気…
政権が外に敵を作ろうとしてそんな感じになることもある
うちはですね
伝統的に犬ヤローどもと仲が悪くて
何かあると毎日お互いのせいになってます
選挙に不正!! 犬どものせいだ
大統領が汚職!! 猫どものせいだー
たまに犬と結婚する物好きいますけどね
向こうで暮らすと群れになじめなくて苦労するらしいです
犬と猫はね そりゃね
Z
あの嫁は寝てばっかり
あと仲が悪くて有名なのは里に住んでるたけのこ族と山に住んでるきのこ族と
あら どっちもおいしそう
じゅるり
そういう話じゃねーよっ
日本で言うなら明治時代もそうでしたね！

……え？
明治時代って…… そうなの？
江戸時代は尊皇攘夷ってのあったとは聞くけど
異人は排斥だ
ヒャッハー
オーマイガーッ
日本の夜明けでごわす
イメージ
イメージはメチャクチャですが言いたいことはわかります
明治も大体そんな感じ
そうかしら？
明治時代って西洋の優れた技術に触れて追いつけ追いこせって時代でしょ
蒸気機関～
西洋の絵画～
自然科学～
キャーステキー
イメージ
むしろ憧れてて目標にしてたんじゃないの？
妻君のおっしゃることもとても正しい！
どっちなんだよ

その辺はキッパリ白黒つけられるもんじゃないんです
今だって他国との関係はそうでしょう？
ああなるほど歴史認識やら外交問題やらでギスギスしてても
日本のアニメや漫画は大人気――とか観光はお互い活発とか時々聞くな…
そういうことです
明治に外国人に好意的だったとこから説明しましょうか
きゅうり
外国は医学とか科学とか当時の日本より進んでいる部分が多く
優れた知識や技術を教えてくれる点で尊敬されてました
ケガを治してあげよウ
それに当時の日本人は純朴で人なつっこくて
きゅうりうめぇ
ポリポリ
うん なんかその辺はよくわかる説明されるまでもない

遠くからも見物に来たり
ベタベタ触ったり
してたこともあったとか
ぞろぞろ
異人さんだー！
うわー
目が青いー
こんな目だと全部青く見えるのーっ？
あれが異人か
べたっ
髪が黒くなーい
ひとまわりでっかーい
遠くから石投げてやろ
べたっ
べたっ
迷惑
外国に行った
日本人も
そういう
扱いを受けてた
そうなのでその辺は
仕方ないのかも
黄色い肌にも脈はあるの？
ぴと
!?
なんじゃこの女
逆も
あるのかよ
でもやっぱり
迷惑だと思う
まあ基本的に
日本人は最初そんな
感じで人なつっこかった
そうですよ
それが「嫌い」に
なっていったのは
まず
文化の違い
ひりっ
赤ワイン
異人は
生き血を飲む
金なら払うよ
ヒィィィ
牛を食うだと
大事な労働力
家族なのに

なるほど
これは仕方ねーわ
うんうん
言葉も今より通じないだろうしね
そしてその「文化の違い」を
当然のごとく押しつけられたことです
ズカ
ああっ私の家に
土足
家の中でははきもの脱いで
ズカ
はあ? なんで? そっちのフツーは知らねーよ 私はこーするのがフツーなんだよ
イラッ
えっそーなの!? マジ!?
日本なのに日本の事情を考えてくれないの!?
全員が全員そーだったとまでは言いませんが
今とは世界の常識が違い
当時の日本は「半未開国」でした
文明国より下…見下す対象
当時の日本人は半未開国人でした

そうか今では問題になる差別意識が当時はごくごく普通だったのか
有色人種が普通に見下されてた時代なのか
明治時代
1868〜1912年
アメリカの南北戦争
奴隷解放宣言が出される
1861〜1865年
かなり無礼ではありますが日本人が人なつっこく近付いていったら
「はっ劣った黄色人種ね」という扱いをを受ける…
ああ…それは嫌いにもなるわ
他にも外国人が今まで日本にはなかった病気を持ちこんだり
1858年　米艦ミシシッピ号が中国から日本にコレラを持ちこんで江戸だけで死者10万〜26万人
1862年　江戸だけで死者7万3千人
1877年　やっぱり米艦が原因で横浜にコレラ発生
etc
バタバタ
コロリ〜
（と言われてた）
金と銀の交換レートが外国と日本で違うのを利用されて日本の財産が流出しまくって経済がパニックになったり
メキシコドル4枚
1分銀12枚
小判3枚
メキシコドル12枚
対策
インフレ
物価乱高下
キャ〜

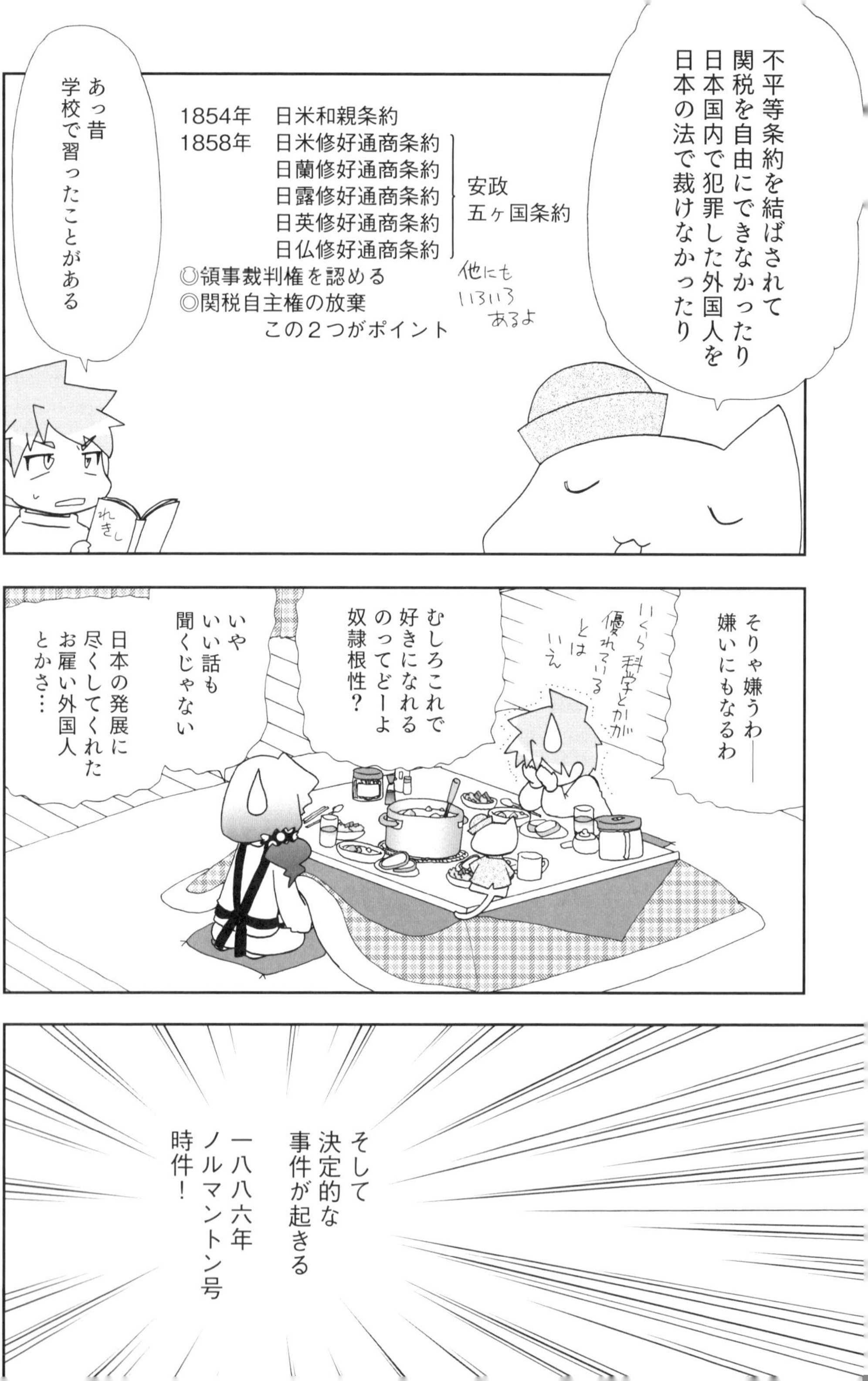
不平等条約を結ばされて
関税を自由にできなかったり
日本国内で犯罪した外国人を
日本の法で裁けなかったり
1854年　日米和親条約
1858年　日米修好通商条約
日蘭修好通商条約
日露修好通商条約
日英修好通商条約
日仏修好通商条約
安政
五ヶ国条約
◎領事裁判権を認める
◎関税自主権の放棄
この2つがポイント
他にも
いろいろ
あるよ
あっ昔
学校で習ったことがある
れきし
そりゃ嫌うわ——
嫌いにもなるわ
いくら科学とかが
優れている
とは
いえ
むしろこれで
好きになれる
のってどーよ
奴隷根性？
いや
いい話も
聞くじゃない
日本の発展に
尽くしてくれた
お雇い外国人
とかさ…
そして
決定的な
事件が起きる
一八八六年
ノルマントン号
事件！

イギリスの貨物船
ノルマントン号が
和歌山県沖で座礁沈没
イギリス人や
ドイツ人からなる
乗組員25人は生存
しかし日本人乗客25名は
全員死亡！
他死亡者
インド人乗組員13人
西洋人1人
人種差別によって
見殺しに
したのでは…と
世論が不満を持った
そして
日本に裁判権が
無いため
英国が海難裁判を
行ったところ
乗組員全員が
無罪となった
日本の法で
裁けない

あーこれも
習った！…けど
改めてひどい
現在だったら
客全員死亡とか
大炎上するわ
何より相手国の法で
裁いた結果無罪って
のが一番ひどい！
「日本人は西洋人に人間扱いされてない」と屈辱感が爆発して
おのれえ西洋め
ちょっと文明的だからって許せん
東京で英国公使夫人の乗る馬車へ襲撃未遂事件が起きたり 神戸ではポルトガル領事への暴行事件が起きたりしました
異人め このやろ
俺関係ねえ
ポルトガル領事
ポルトガル？
なんで？
見境のない排外的事件が多発しちゃったんですよね
条約改正交渉の相手を刺激したくないと政府は世論の沈静化にのり出します
最初
うちの国民はこんなに怒ってますよ
利用しようとしてた
関係ない俺まで襲われたぞ
ポルトガル
あわわ
みんなー落ちつけ
えー
ノルマントン号事件は刑事で有罪になったから！

1894年　日英通商航海条約
・治外法権撤廃
・相互対等の最恵国待遇
・関税自主権の一部回復
後、他の国とも同様に
条約を調印
1904～1905年　日露戦争
日本の国際的地位高まる
1911年　関税自主権回復

不平等条約が
完全に改正されるのは
一九一一年（明治四十四年）

明治は一九一二年まで
だから本当に明治の末…

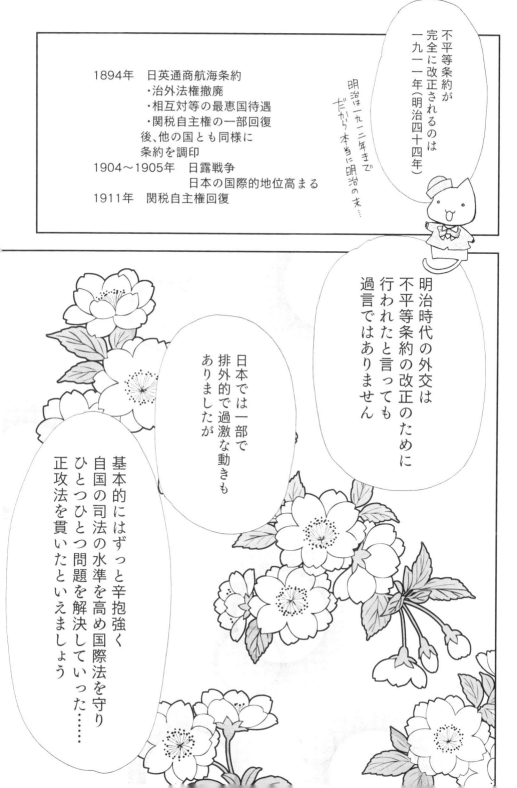

かなり
まだるっこしくて
時間はかかりましたが
私は比較的良い
選択をしたと
思いますよ
そうね
日本人は
ルールを守ることで
世界的にも有名って
聞いたことある
誇らしい
ことだわ
そのルールに従って
アジアでやらかしたりも
しましたが
HAHAHAHA
不平等条約
かなり トレース
ハハハ
不平等条約
1876年 日朝修好条規
あいたっ

良くも悪くも「ルールを絶対守る」日本人の特性が…
まっ自国VS西洋に限って言えば良い選択だったと思いますよ！
うう さっきとニュアンスが違って感じられる
でもそうよね そこは良いわよね！
感情的に○○国は全部悪!! なーんて決め付けず
冷静に対処したのが正しかったってことよね！
うん!! そこは正しい!!
いやいやっ
ノルマントン号事件 刑事では有罪って
よく分かんねえけど今でいうところの民事と刑事と裁判するのと同じ？
それは世論が感情的に盛り上がったおかげだろ
うちの国民はこんなに怒ってますよ
あなたそれポルトガル領事さんの前で言えるの？
？
俺関係ねえ
この人
ううっ
それとこれとは…
でもだけど
半未開国って決めつけてくるゴーマンな西洋の「国際ルール」を
バカ正直に守るのが良いってのはおかしいだろ

実際日本がそれやったら悪って感じがするだろそういうことやられてたんだぞ
それは確かに…
真面目に不平等条約改正とかそんな相手とまともな話し合いなんて
…明治が終わって昭和になって日本はだんだんと
そういう道を選びました
実力でもって西洋と対決する
その結果は

…だから私は
明治政府は良い選択であったと
そう思うんですよ
ニコ
妻君シチューのおかわり頂いてもよろしいですか？
ええ
もちろん…
大丈夫です自分でつぎますよー
でもおたま猫ちゃんには重いでしょ

ブックマーク
Web関連
お気に
会社
Yahoo!
○○人に日本が滅さ
御かぞくさま
編集
削除
カチ
ブックマークから
「○○人に日本が滅される」を削除しますか？
はい
いいえ
カチ
削除しています…
削除しました

COLUMN 02

文明開化で英語教育ブームが到来

世間にはたくさんの英語塾や英語教材があふれていますが、「中学校から大学まで10年近く英語を勉強しているのに、日常会話すらできない」という批判の声も耳にします。では、英語教育が導入されたばかりの明治時代ではどうだったのでしょう。

江戸時代にも番所調所《ばんしょしらべしょ》などを通じて英語の研究が行なわれていましたが、明治になると英語教育ブームが到来します。西洋の技術や知識を導入するには、語学の能力、特に英語の習得は必須であったためです。明治6年（1873）、東京に官立の外国語学校が設立され、翌年までに全国で計8校が設立されます。西洋化のための教育の担い手になったのは、「お雇い外国人」と呼ばれる英・仏・独・米を中心とした外国人教師。明治9年（1876）に開校した札幌農学校では、お雇い外国人がほとんどの科目を担当し、英語で講義を行っていました。一部のエリート学生は、英米の学問をネイティブ教師から英語で学ぶという、英語漬けの講義を受けていたのです。

こうした英語ブームは、官僚や学生など一部のエリートだけのものではありませんでした。不平等条約が改正されたあかつきには居留地しか住めなか

った外国人がどこでも住めるようになるため、「すぐ隣に外国人がやってくる」と思い込んだ庶民も英語学習に走ったといいます。特に外国人を相手に商機を広げようとするめざとい商人たちの間には、英語熱が高まりました。

英語崇拝のあまり、初代文部大臣の森有礼《もりありのり》により、英語を日本の国語にしようとする論まで唱えられるように。しかし、この件にかぎらず日本の欧化を急速に進めようとした森は国粋主義者の怒りを買い、暗殺されてしまいます。急激な文明開化に対する反動として起こった国粋主義的な風潮は、政府の財政難と相まって英語教育にも変化をもたらしました。お雇い外国人教師の数が減らされ、地方の官立外国語学校が廃止されることになったのです。そして伊藤博文内閣による「教育の国語主義化」以降、英語教育は日本人教師による音声教育なしの文法訳読が主流になっていきました。「英語で学ぶ」ことと「英語を学ぶ」ことが一体であった時代から、「英語を学ぶ」だけの時代になったのです。英語が「必要」から「学習」に変わった頃から、日本の英語教育の迷走がはじまったといえるかもしれません。

行き過ぎた欧化熱はその反動として、国粋主義という新たな「熱」を生み出していきました。「進んだ」「遅れた」という民族観は、「一等は西洋だが、自分たちはその次に上等」という歪んだ自己意識となり、『脱亜論』にみられるように非西洋諸国への蔑視感情につながっていくのでした。

第3章 当時のお風呂事情って快適だったの？

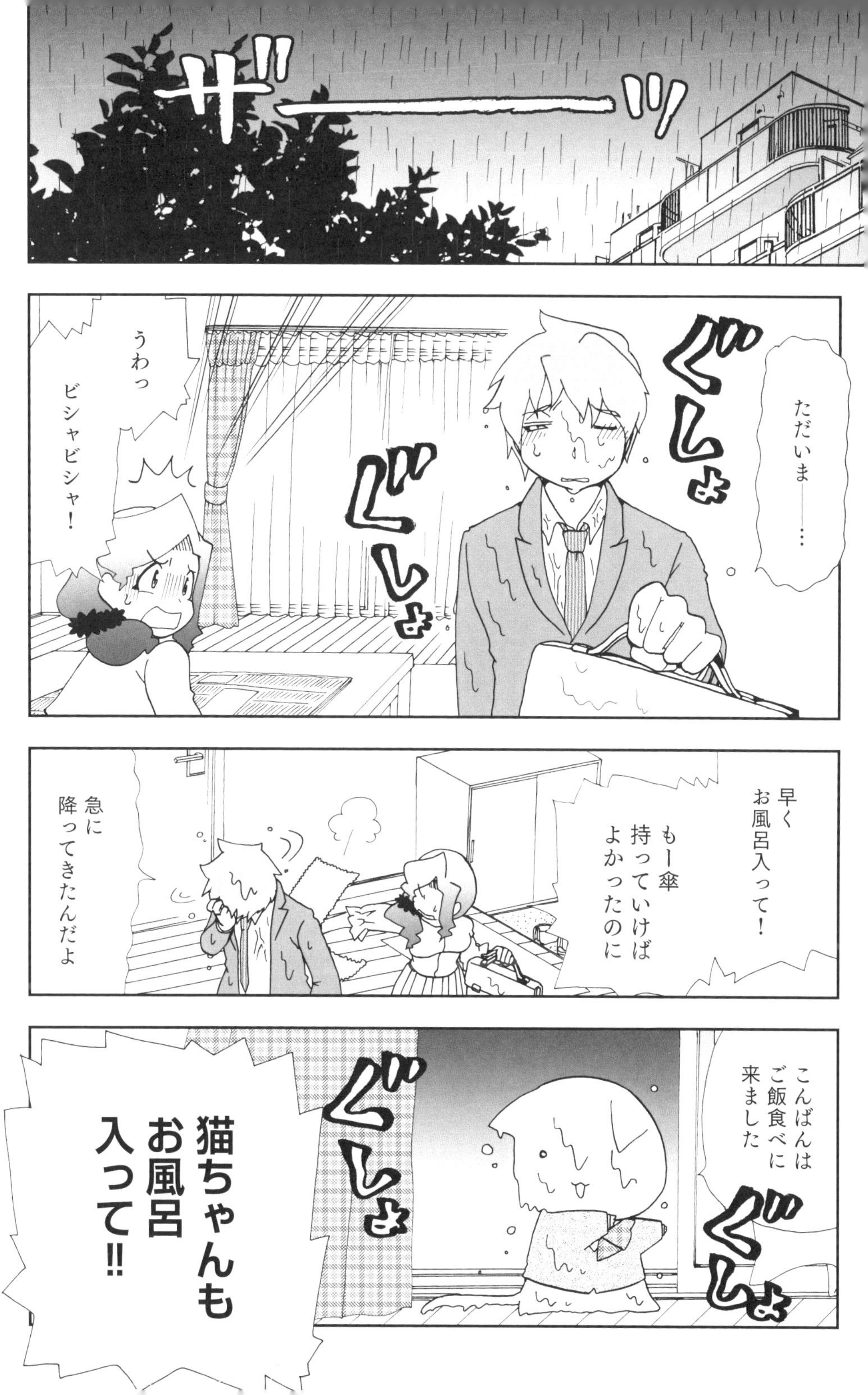

ザ――――ッ
ぐしょ
ぐしょ
ただいま――…
うわっ
ビシャビシャ!
早く
お風呂入って!
もー傘
持っていけば
よかったのに
急に
降ってきたんだよ
こんばんは
ご飯食べに
来ました
ぐしょ
ぐしょ
猫ちゃんも
お風呂
入って!!

はーー～
せんめんき
あんまりこっち見ないで下さい エッチ
モフモフしやがって何がエッチだ
水着来てるから平気ではありますけどね！
こいつの価値観分かんねーな
ずん
はーー
それにしても雨に降られた後の風呂って本当格別～～
極楽極楽～～
まったくですね～～

現在のこういう
お風呂の形も
明治時代に
できたんですよ
嘘をつけ！
なんでも今勉強してる
時代に関連付けようと
してムリヤリ嘘まで
つくんじゃねーよ
嘘じゃないですよ
なんで決めつけるんです
だって明治より前の
江戸時代に既に
銭湯って
あったんだろ
いくら俺だって
そのくらい知ってるっ
つーの！
時代劇とかで
よく見るよね
江戸に最初の
銭湯(湯屋)が
できたのは
1591年らしい。

そう仰るなら江戸時代の銭湯へ行きましょうか
え
あ
ちょっと待って
ザバ
全身洗って
ヒゲそって
タオルまいて
…いっつもタイムトラベルに文句言うくせになぜ今日いそいそと?
えっ
別に
いそいそなんて
江戸時代はほぼ混浴だったからですか?
別にっ!
…まあいいや行きましょう
シュ
シュン

ぽちゃ
あつっ
暗い！臭い！熱い!!
むわむわ
あちあち
湯も熱いけど蒸気がすごくて出てもあちい
サウナ!?
蒸気を逃さないつくりになってるんです
入り口せまくて低い
窓小さい
よくそう
むわわ
なんで!?

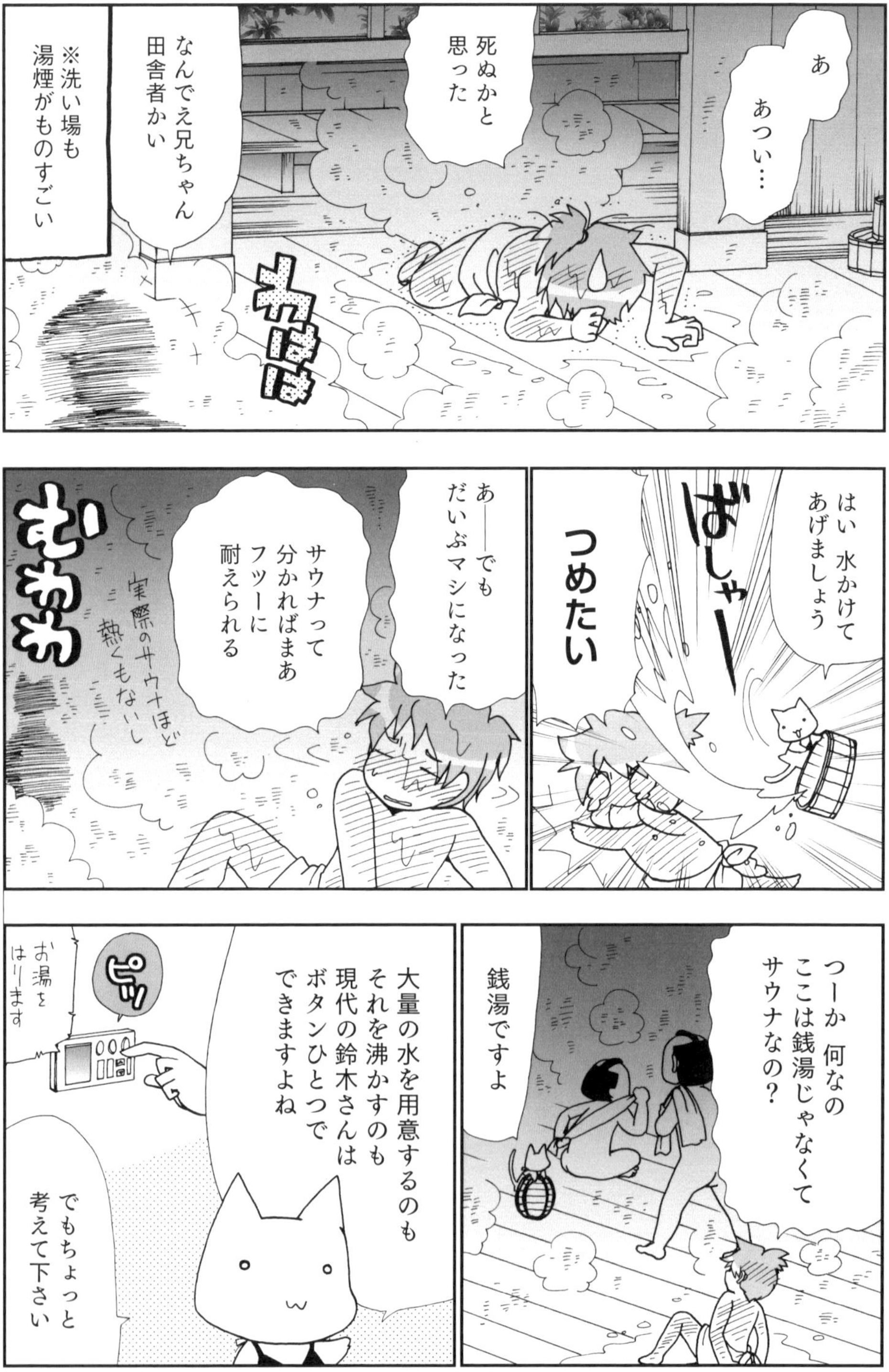
あ
あつい…
死ぬかと思った
なんでえ兄ちゃん田舎者かい
※洗い場も湯煙がものすごい
わはは
はい 水かけてあげましょう
ばしゃー
つめたい
あーーでもだいぶマシになった
サウナって分かればまあフツーに耐えられる
実際のサウナほど熱くもないし
むわわ
つーか 何なのここは銭湯じゃなくてサウナなの？
銭湯ですよ
大量の水を用意するのもそれを沸かすのも現代の鈴木さんはボタンひとつでできますよね
ピッ
お湯をはります
でもちょっと考えて下さい

それを全部人力でやる…となったらすごく大変でしょ？
せっせっ
せっせっ
大量の水
大量の燃料
まあ確かに
でも温泉があったんじゃ？
ムハ～
自然にお湯がわく
現在の都市部を見て下さいよ
そんな温泉多いですか？
…よくは知らんけど
有名どころの温泉も山ん中とか田舎にあるイメージ？
温泉はあったけど場所がすごく限られます
山の中というか火山の分布とかぶるんですよねぇ
全国の温泉分布
(25度以上)
こう見ると全国にあるように見えるけどな
でも江戸には数える程度…？
そう考えるとめっちゃ少ない
得られるのは少ない水と少ない燃料
つまり…

昔は蒸気風呂…サウナが一般的だったんです！
むわわ
むわわ
蒸気で垢を浮かせて落とす
むわわ
もっと昔は洞穴とかでやってたそう
生木とか海藻とか水分のある物を燃やす
むわわ
そこまでして風呂に入るってスゲーな
水浴びでいいじゃん
行水ももちろんやってたよ
少ない水
たらい
昔は清潔の為じゃなく宗教的行為として入浴してたそうです
でも分かったこの銭湯は半分蒸気風呂なんだな
蒸気が逃げないような形の入り口
ここをくぐって浴槽へ入る
そういうことです
社会が豊かになって「お湯につかる」もできるようになりましたが基本 蒸気風呂

さあ江戸の銭湯をお楽しみ下さい
ヤダ熱いし臭いし暗いしヤダ
つーかここも湯気すごいから外出たい
現代っ子はひ弱ですね
湯気が薄くなってきた
タタミがしいてある…
こっちは脱衣所?
ギョッ
女の人がいる!!

カチッ
ペコ
ペコ
反射
…びっくりするほど
エロい気持ちに
ならない…

…なんだ この気持ち
まだ全年齢ＯＫのパンチラの方がエロいわ…
むなしい
これは明治になってからの話になりますが「混浴」を見学した一部の外国人もそう思ったそうですよ
当時の日本人は裸にあまり忌避感がなくて
男は外出時もふんどし一丁で平気だったり
♪
女も胸を平気で出したり
一応幕府も混浴禁止令を何度か出したがあんまり効果はなかったようだ
裸に対する禁忌感があるキリスト教からするととてもショッキングなことだったようです
混浴!? なんてハレンチ!!
今では欧米でこそヌーディストビーチとか聞くけど…
しかし「日本奥地紀行」を書いたイザベラ・バードは
明治11年
オケどうぞ
ありがと
浴場でも日本人は礼儀正しい
と とても好意的な視線なのです

明治29年 フランス人の
カヴァリヨンも
混浴を行う日本人を指して
「善良な人々の柔軟な道徳」
というようなことを言ってます
ペリーは混浴に対して
否定的だったよう
ですけどね
黒船で来た人
みだらな国民性だ!!
賛否両論
あったのか…
混浴の実態を見た
外国人たちの多くは
好意的だった
そうですよ
裸でも
秩序がある
エロくない
ここが
エデンの園
だったのか…
てか一人だけ
体ふいてんじゃねーよ
俺にも新しいタオルと
着がえをよこせ
腰のものがあるでしょ
着がえは
必要ないですよ
次は明治時代の
銭湯へ
行きますから
えっ
シュン

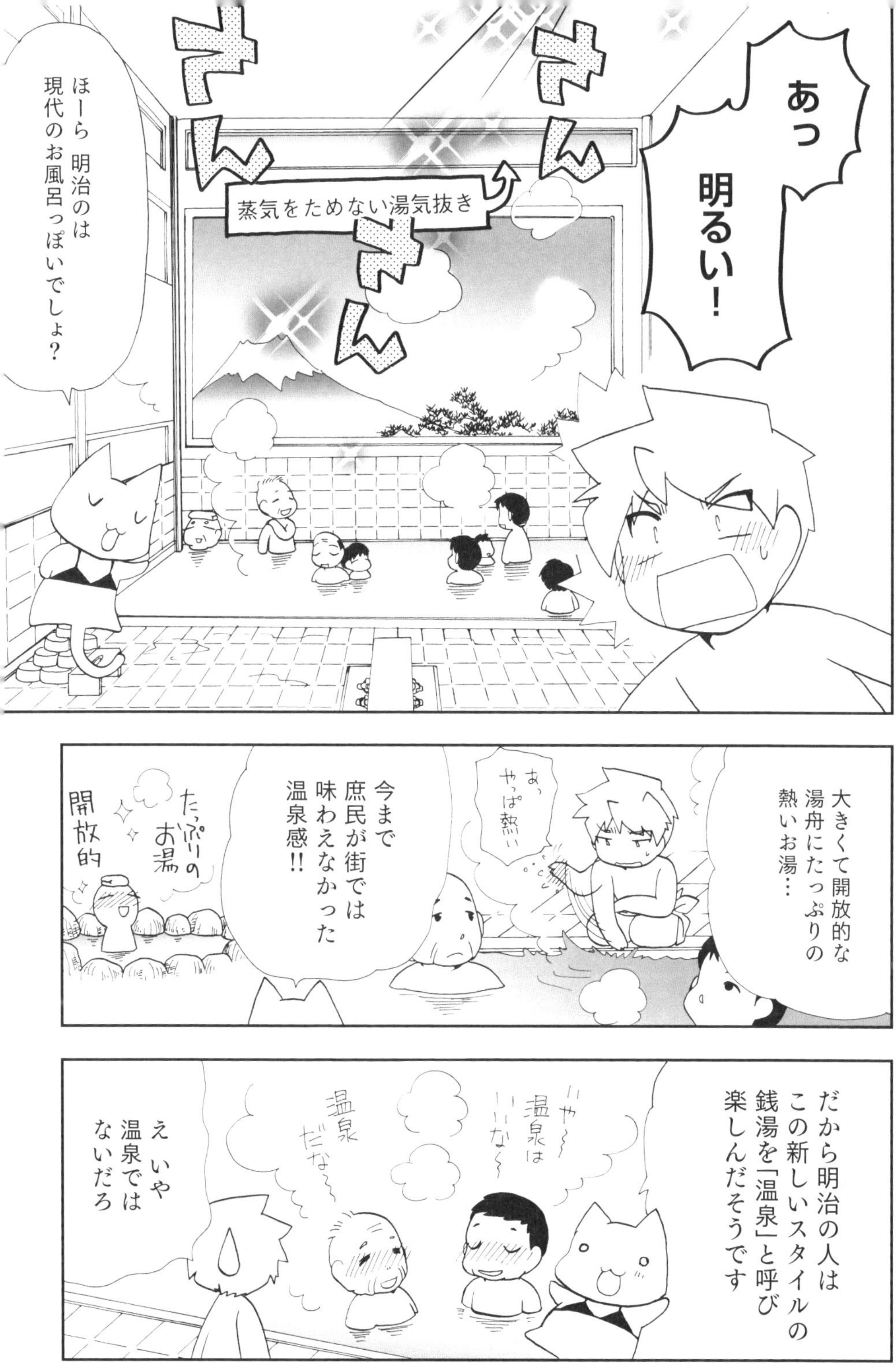

あっ 明るい!
きんきん
きん
蒸気をためない湯気抜き
ほーら 明治のは現代のお風呂っぽいでしょ?
大きくて開放的な湯舟にたっぷりの熱いお湯…
あっ やっぱ熱い
今まで庶民が街では味わえなかった温泉感!!
たっぷりのお湯
開放的
だから明治の人はこの新しいスタイルの銭湯を「温泉」と呼び楽しんだそうです
いや〜 温泉はいいなぁ〜
温泉だなぁ〜
え いや温泉ではないだろ

ここは男湯か
混浴じゃなくなったんだな
その辺も今風…
女性の裸が見られなくて残念ですか？
別に！
にやにや
明治政府は外国の目を気にして「混浴は野蛮な風習だ」と禁止したんです
熱くて入れない
？
多くの外国人は混浴に好意的だったんじゃねーの？
実際に混浴を見た外国人の多くは好意的でしたよ
でもわざわざ日本に来て実際に見る人は少数派です
「混浴する」とだけ聞いた大多数は↓「淫蕩な国」↓「野蛮で劣った国」というイメージを持つかもしれない
当時の日本は欧米諸国に植民地化されるかもという恐怖心があったので仕方のないことですが
明治政府は

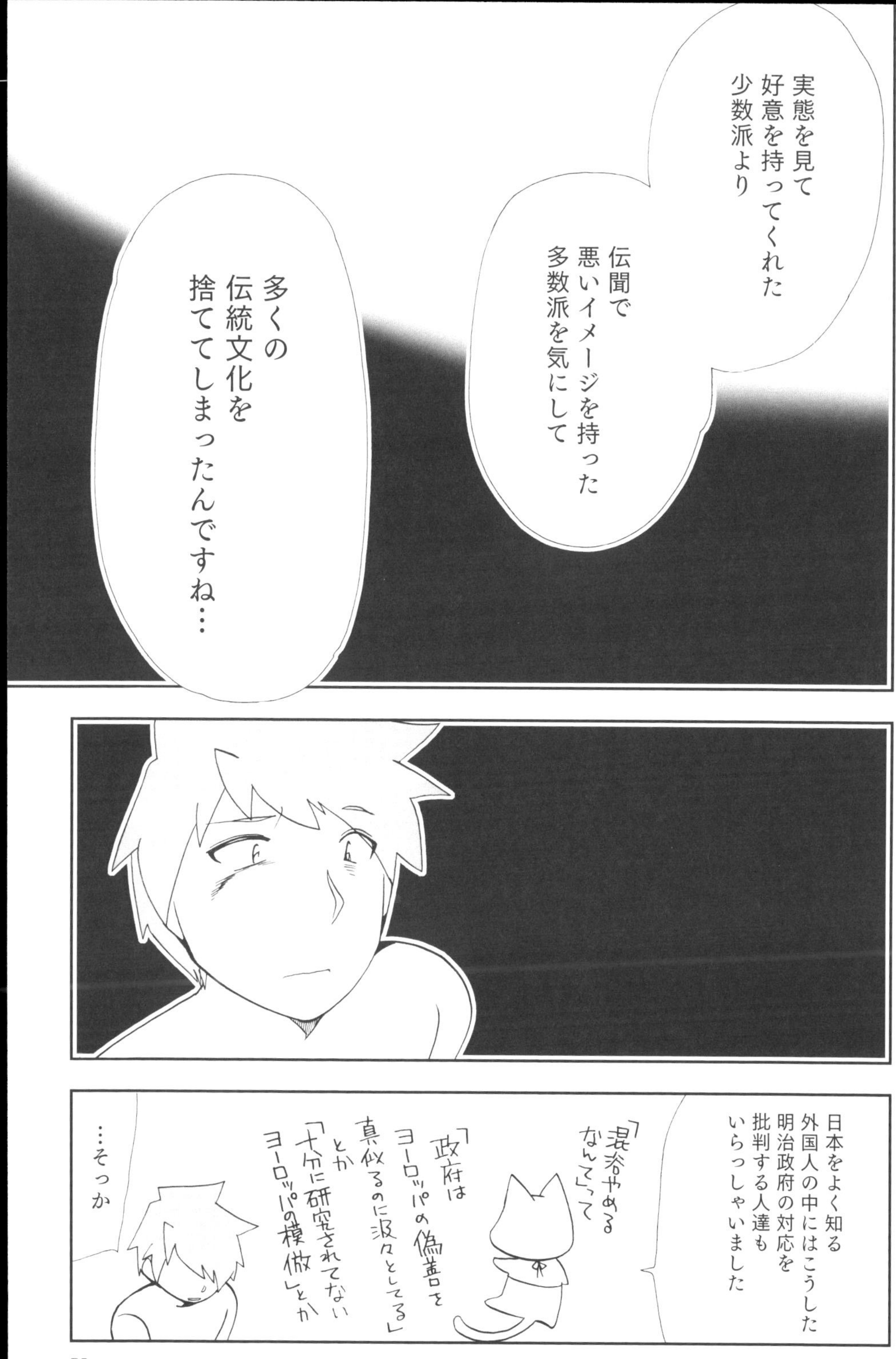
実態を見て好意を持ってくれた少数派より
伝聞で悪いイメージを持った多数派を気にして
多くの伝統文化を捨ててしまったんですすね…
日本をよく知る外国人の中にはこうした明治政府の対応を批判する人達もいらっしゃいました
「混浴やめるなんて」って
「政府はヨーロッパの偽善を真似るのに汲々としてる」とか
「十分に研究されてないヨーロッパの模倣」とか
…そっか

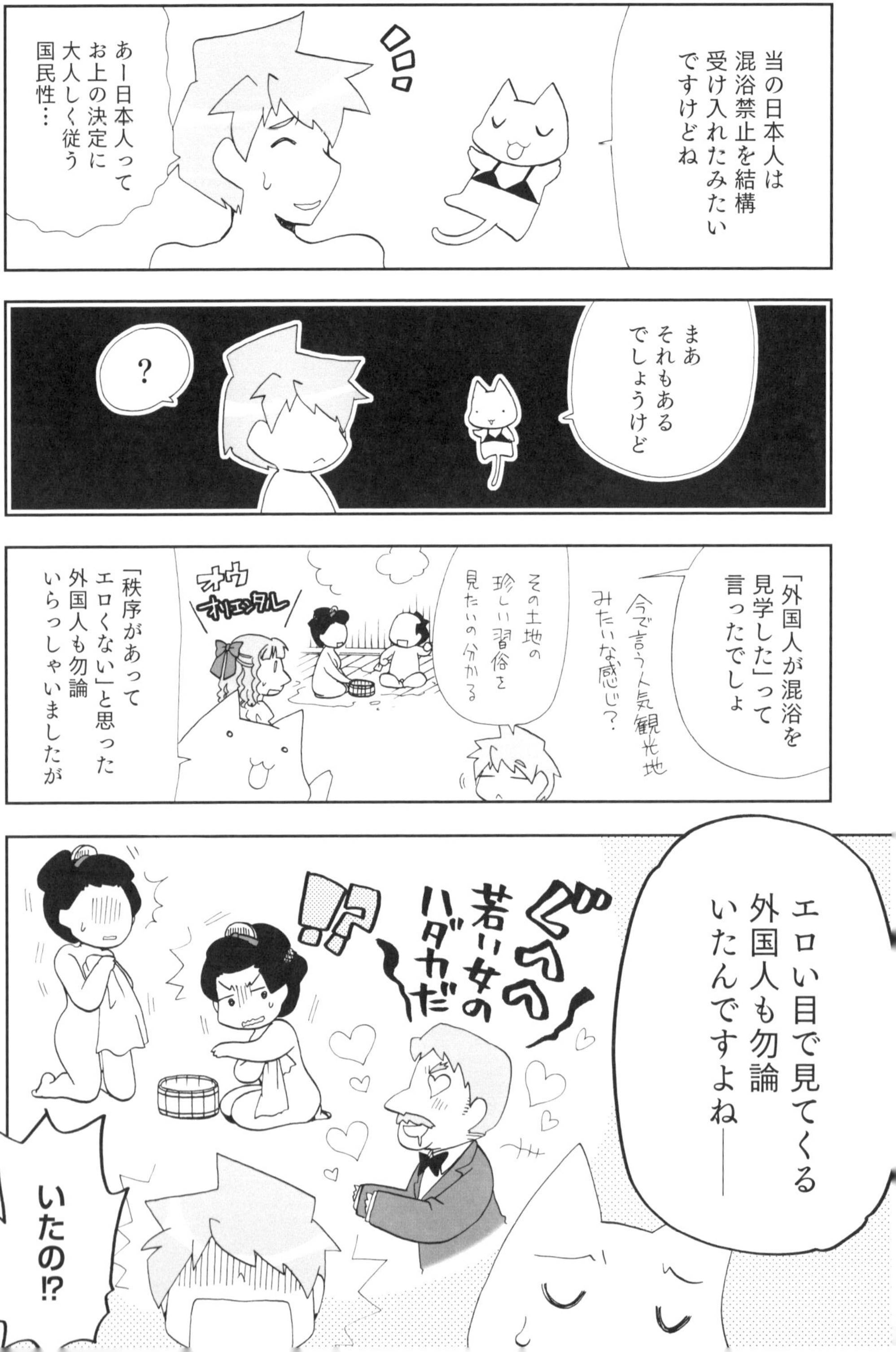
当の日本人は混浴禁止を結構受け入れたみたいですけどね
あー日本人ってお上の決定に大人しく従う国民性…
まあそれもあるでしょうけど
?
「外国人が混浴を見学した」って言ったでしょ
今で言う人気観光地みたいな感じ？
その土地の珍しい習俗を見たいの分かる
オウオリエンタル
「秩序があってエロくない」と思った外国人も勿論いらっしゃいましたが
エロい目で見てくる外国人も勿論いたんですよね――
ぐへへ若い女のハダカだ～
!?
いたの⁉

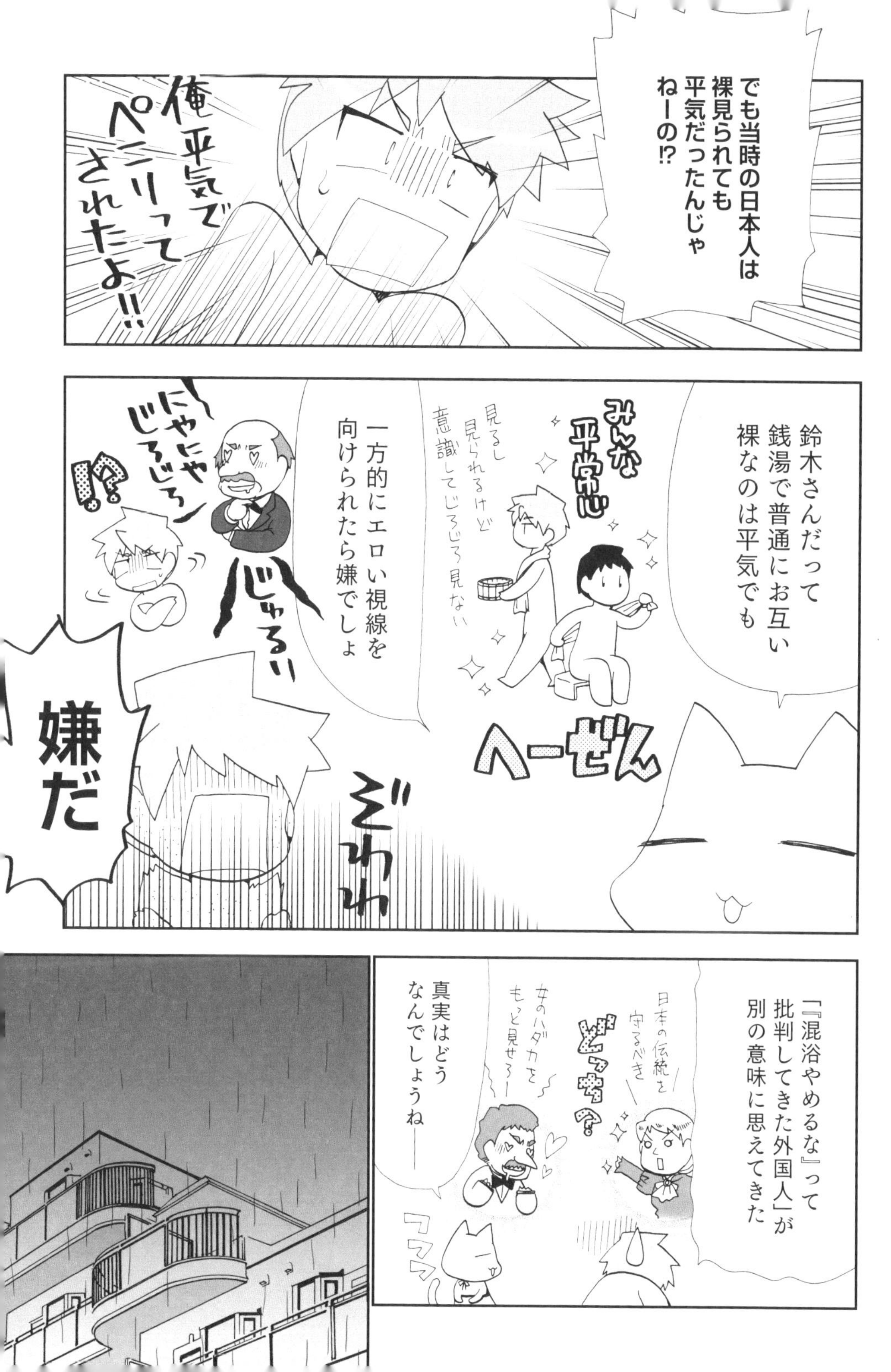
でも当時の日本人は
裸見られても
平気だったんじゃ
ねーの!?
俺平気でペシリってされたよ!!
鈴木さんだって
銭湯で普通にお互い
裸なのは平気でも
みんな平常心
見るし
見られるけど
意識してじろじろ見ない
一方的にエロい視線を
向けられたら嫌でしょ
にやにや
じろじろ
じゅるり
!?
へーぜん
ぞわわ
嫌だ
『混浴やめるな』って
批判してきた外国人」が
別の意味に思えてきた
日本の伝統を
守るべき
どや?
女のハダカを
もっと見せろー
真実はどう
なんでしょうね――

あ――疲れた
あらお風呂でなんでそんなに疲れたの？
こいつがまたタイムスリップに連れてきやがって
へ――疲れるとこへ行ったの？
どこの時代の何を見てきたの？
江戸と明治の銭湯です
混浴見てきました！

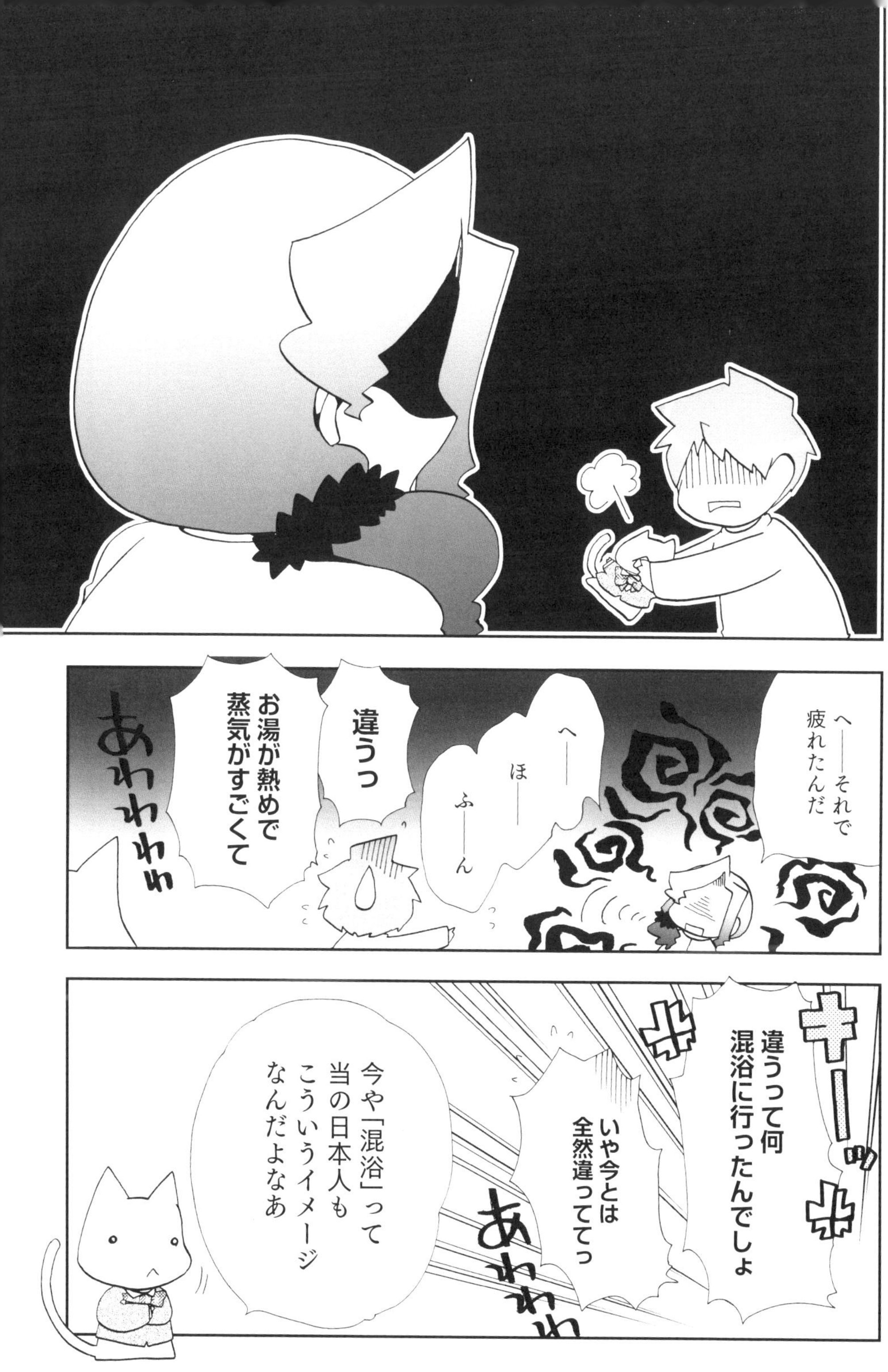
へ——それで疲れたんだ
へ——
ほ——
ふ——ん
違うっ
お湯が熱めで蒸気がすごくて
あわわわわ
キーッ
違うって何 混浴に行ったんでしょ
いや今とは全然違っててっ
あわわわ
今や「混浴」って当の日本人もこういうイメージなんだよなあ

ちなみに混浴とか
欧米人が
「日本人ハレンチ」と
思ったことも多いが
うわーー
人前でのキスとか
日本人が
「欧米人ハレンチ」と
思ったことも多い
うわーー
価値観の違いよね…

COLUMN
03

湯治場から観光地へ発展した温泉

明治になり温泉地にも新しい風が吹き込んできます。明治17年（１８８４）５月から４ヶ月の間に箱根温泉に泊まった客は、日本人が５３３人、外国人は２３４人。約３人に１人は外国人という状況でした。横浜の外国人居留地から近いこともあり、外国人は箱根で夏のバカンスを楽しんでいたのです。

大きな変化は外国人客の増加だけではありません。明治に入ると本格的な温泉調査が始まり、温泉は行政の管理下に置かれるようになります。明治政府による初めての全国的な温泉調査が実施され、調査結果を明治19年（１８８６）に『日本鉱泉誌』として刊行。各温泉の医学的効能について説明する日本初の温泉書となりました。こうした動きの背景には、湯治の効果に着目し各地の温泉に専門医を設置して環境改善することを提言した、ドイツ人医師エルヴィン・フォン・ベルツなど、外国人研究者の功績がありました。

明治政府は当初、病気療養の施設として温泉設備の拡充を図りました。しかし、次第に温泉地を保養地として活用する方向へシフトしていきます。温泉地のなかでも享楽的な要素を多く備えたところほど、急速に発展していったのです。その代表例といえるのが熱海温泉。東京から近い熱海温泉には、

明治の初めから数多くの政治家や文化人が訪れました。明治14年（１８８１）には伊藤博文、大隈重信《おおくましげのぶ》らが熱海で密会して国会開設問題について協議。新聞に「熱海会議」と報じられたことで熱海温泉の知名度は上がっていきました。また、明治10年（１８７７）の西南戦争に勝利した軍人たちが熱海で豪遊し、十円札を座敷に撒き散らしたというエピソードも残っています。政府高官から潤沢な資金を得た熱海温泉では高級旅館が設立され、ビリヤード場などを備えた施設も生まれました。ちなみに熱海への新婚旅行は、明治初期の上流階級から始まり、それが後に庶民に広まったといいます。

一方、温泉を観光地として積極的にアピールすることで発展したのが、別府温泉です。明治７年（１８７４）頃より文明開化にふさわしい浴場として増改築を行い、温泉街を整備。明治39年（１９０６）、町長が新聞記者を招いて視察させたことで、別府温泉は全国的に知られるようになりました。

やがて交通網が整備されメディアが発達していくなか、人々は温泉地に対して湯そのもの以上に便利さや楽しさを期待し始めます。温泉地もそれに応えて、保養地や観光地としての役割をますます前面に押し出していきました。温泉名物も様変わりし、有馬温泉では炭酸泉を利用したサイダーや炭酸煎餅が売り出され、人気を博したといいます。文明開化は温泉地の産業も急速に発展させていったのです。

第4章 明治時代の男女観をのぞき見してみよう！

え――また早退？
子どもが熱を出したらしくて…
困るんだよね――育休明けたとたんずっとこんな感じじゃないの
遅刻も多いし真面目にやる気あるの？
くど
くど
何あれ
ひそ
3課のイヤミ課長です
んべーっ
毎っ回あーなんですよ本当イヤーな奴！
ひそ

でもさー
3課の課長の
言うことにも
一理あるっスよねー
お前また
そーゆー
女性陣を敵に
まわしそうな
ことを…
鈴木さんだけじゃ
ないっスか
俺だってTPO
わきまえますよ
成長してます！
理由はどうあれ
「不定期にしょっちゅう
遅刻・早退・休みをとる
社員」でしょう？
そりゃ会社としては
困りますよ
なんでヒラのお前が
会社の立場に
立つんだよ
でも小さい子どもが
いるなら仕方ねえじゃん
法律でもそう
決まってるし…
だから法律
うんぬんじゃなくて
現実問題として
ですって

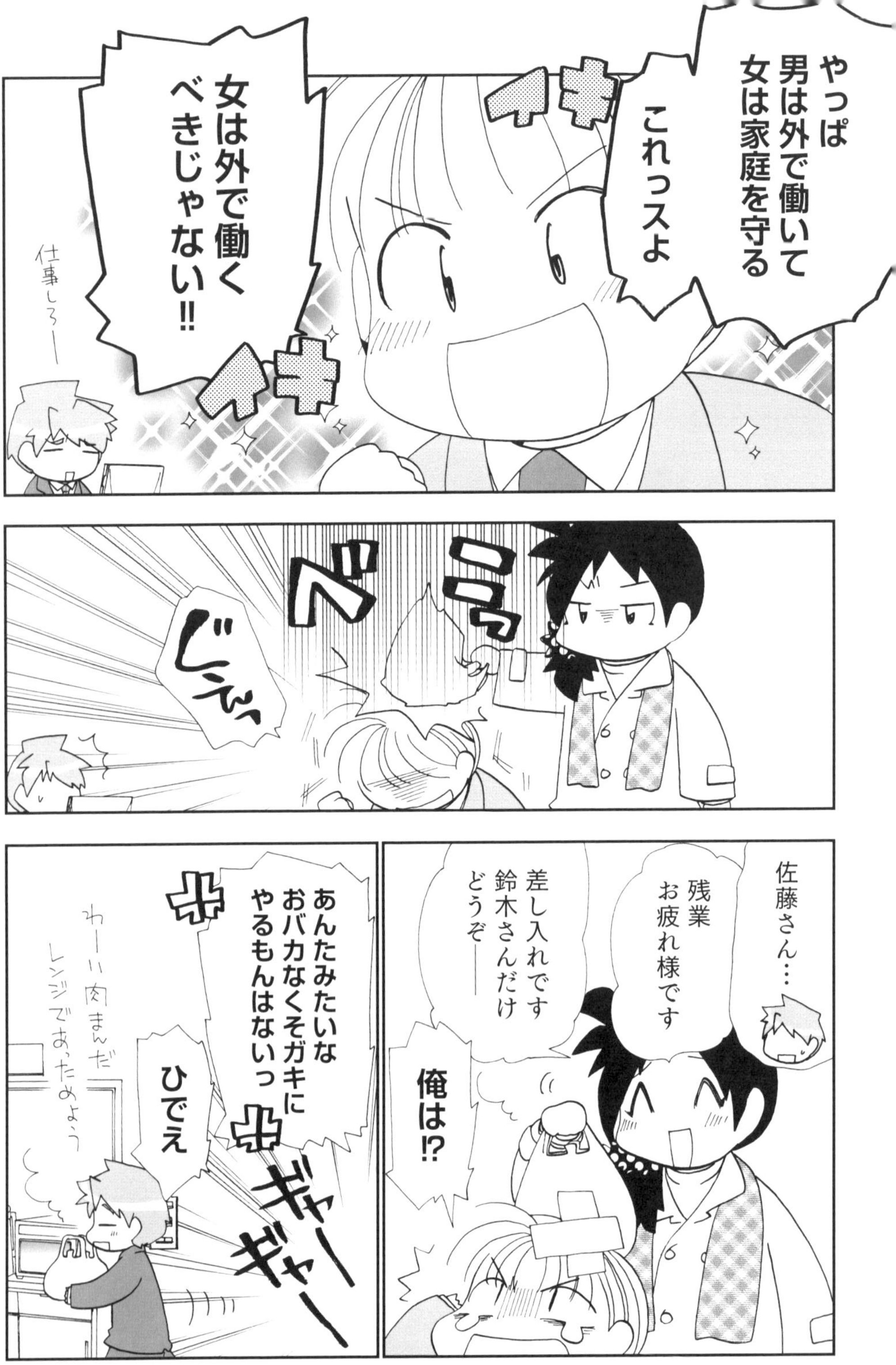
やっぱ男は外で働いて女は家庭を守る
これっスよ
イキイキ
女は外で働くべきじゃない!!
仕事しろー
佐藤さん…
残業お疲れ様です
差し入れです鈴木さんだけどうぞ――
俺は!?
あんたみたいなおバカなくそガキにやるもんはないっ
ひでえ
ギャーギャー
わーい肉まんだレンジであっためよう

うちは父が早くに亡くなったんで母が女手ひとつで育ててくれたんです
え
それで女は働くなとか聞いてムカっとして
えっ
あう
なるほどそれは仕方ない
あ、コレピザまんだった
どうぞ田中を思う存分叩いて下さい
ワーイ
鈴木さんありがとうございますー
ピコピコ
ちくしょお
でもだって働く女って世間ズレしてかわいげないじゃないですか
ホラこんな風に！
おのれハリセンにレベルアップしてやる
守られる女のかわいげとかそれでいて家を守るしっかりさとか
あー……
女のタイプとしては分からんでもない

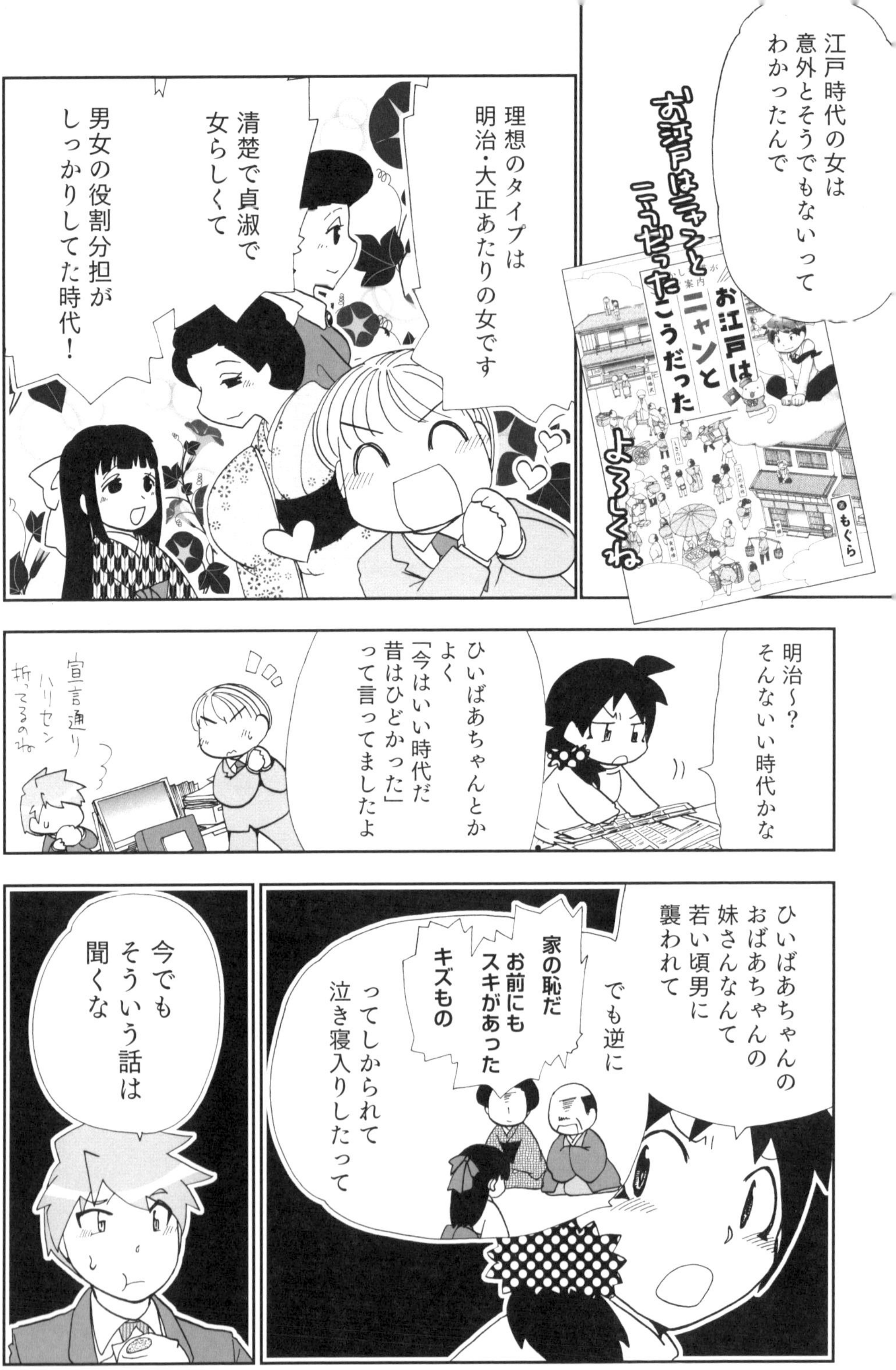
江戸時代の女は意外とそうでもないってわかったんで
お江戸はニャンとこうだったよろしくね
お江戸はニャンとこうだった
もぐら
理想のタイプは明治・大正あたりの女です
清楚で貞淑で女らしくて
男女の役割分担がしっかりしてた時代！
明治～？そんないい時代かな
ひいばあちゃんとかよく「今はいい時代だ昔はひどかった」って言ってましたよ
宣言通りハリセン折ってるのね
ひいばあちゃんのおばあちゃんの妹さんなんて若い頃男に襲われて
でも逆に
家の恥だ
お前にもスキがあった
キズもの
ってしかられて泣き寝入りしたって
今でもそういう話は聞くな

そんな時代の女がいいって…
そ
そういうんじゃないっス
ねえっ鈴木さん男ならわかりますよね
こっちふるなよお前！
だけどホラ朝ドラとかで見る明治時代のヒロイン
しっかりしててでも時には一歩下がって男を立てて
ああいうタイプいいなーってそれだけだと思うよ
…まああれはドラマ面白かったし
女優さんキレイだったし…
ホーーーッ
…確かに明治の女性っていい女かも…
自分で言っておいて何だけど

そんな女性と ちょっぴり ランデブー してみたい ですよねー
ははは
ランデブーとか いつの時代…
明治に比べりゃ 新しい ですよ
というわけで レッツ ランデブー♡
どういうわけだ この猫田ァ――!!

ヒュルルルル
あたっ

明治時代の日本ですよー
明治?
ってかどっかの田舎っぽい…
家がボロいけど
ん?
サッ
ん?
あれ俺ちょっと若い?
明治時代で青春を再び!!
若返ってかわいー明治の娘さんとデートコース!!
イエーイ
うえっ!?
ええええっ!!

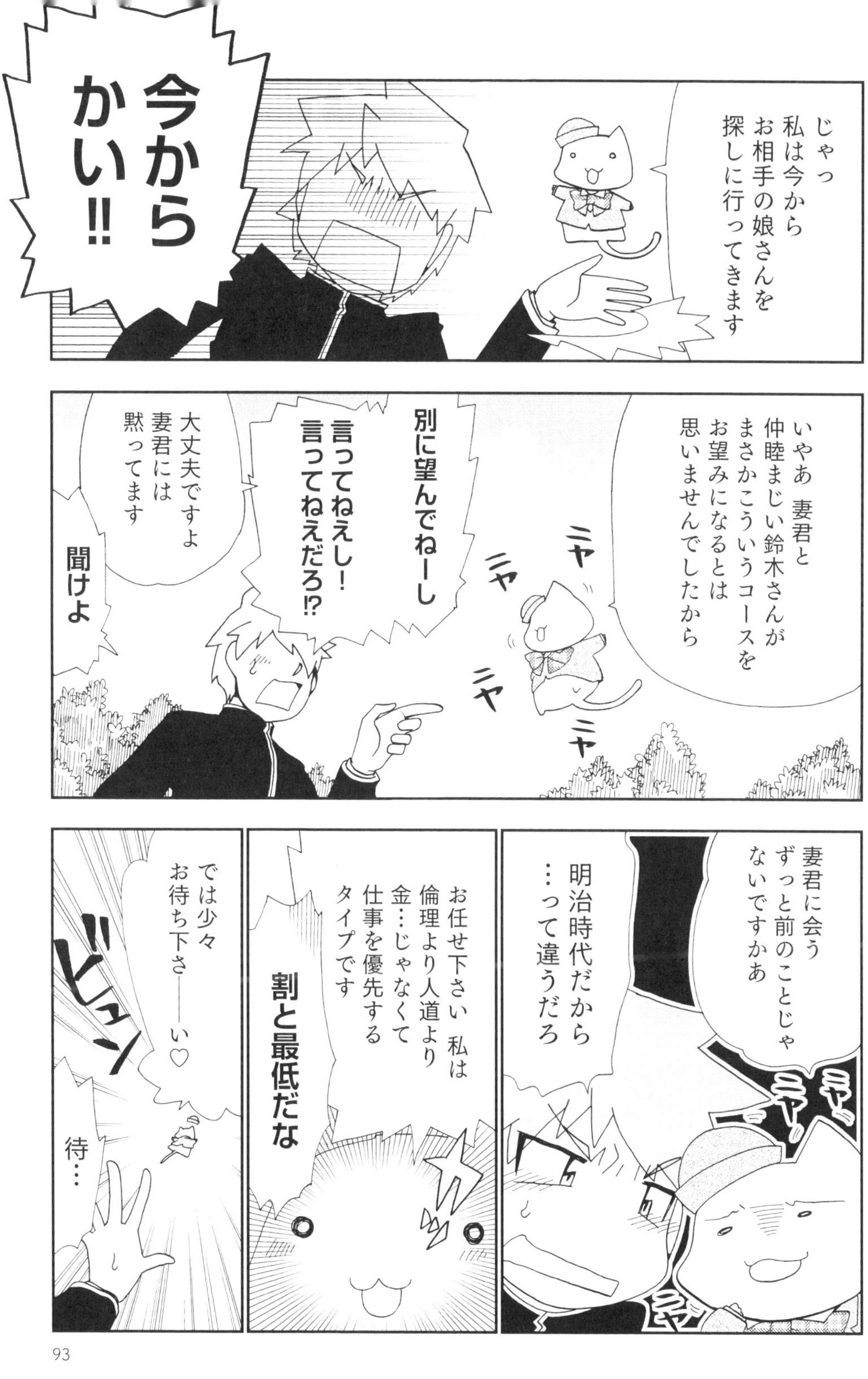
じゃっ
私は今から
お相手の娘さんを
探しに行ってきます
今から
かい!!
いやあ 妻君と
仲睦まじい鈴木さんが
まさかこういうコースを
お望みになるとは
思いませんでしたから
ニャ
ニャ
ニャ
ニャ
別に望んでねーし
言ってねえし!
言ってねえだろ!?
大丈夫ですよ
妻君には
黙ってます
聞けよ
妻君に会う
ずっと前のことじゃ
ないですかあ
明治時代だから
…って違うだろ
お任せ下さい 私は
倫理より人道より
金…じゃなくて
仕事を優先する
タイプです
割と最低だな
では少々
お待ち下さ——い♡
ビュン
待…

……
…ったく猫田のヤロウ
イラ
イラ
こっちの言うこと何も聞かずに好き勝手やりやがって
イラ
かわいー明治の娘さんとデートコース…
いやいやっ
猫田の思い通りになってたまるか
絶対ろくなことにならんし…

さてと かわいい明治の お嬢さんは どこかな――
お かわいい子 発見
あれで いいや
にぼし一本 あげるって言えば ホイホイ ついてくるでしょう 私ならホイホイ行く
かなり もったいない けど
こんにちは おじょうさん
!?
びくっ
突然ですが にぼし…
…あ

イヤーーッ
妖怪ーーッ
カキーーン
イヤあぁぁ
おはらい
行かな
きゃあぁぁ
……？
その後も
キャーー
しゃべる猫ーー
猫又だわーー
ひぃぃぃ
タタリだーー
し
しまった
明治の女性…
がくり

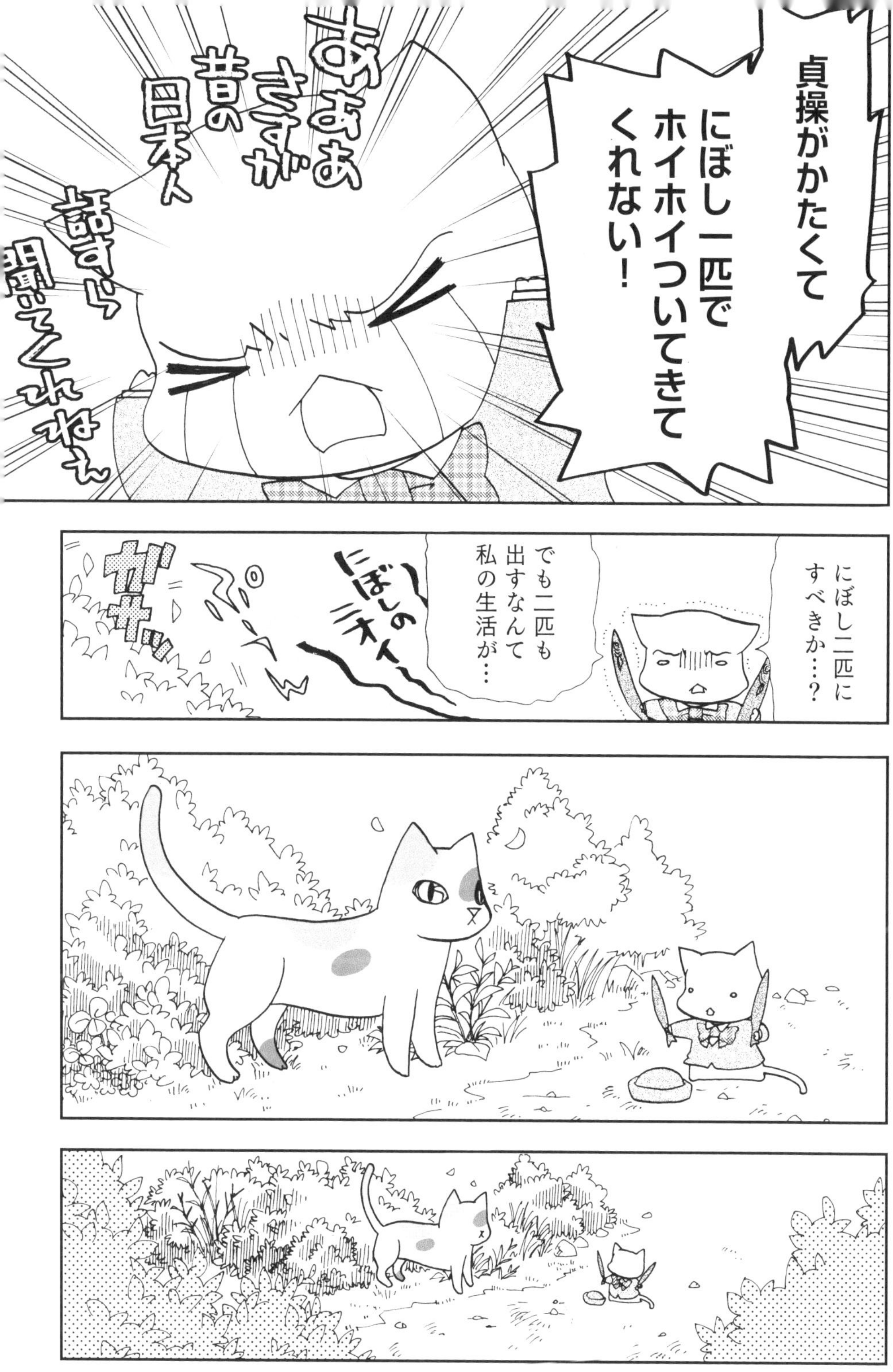
貞操がかたくて
にぼし一匹でホイホイついてきてくれない！
あああさすが昔の日本人
話すら聞いてくれねえ
にぼし二匹にすべきか…？
でも二匹も出すなんて私の生活が…
にぼしのニオイ～
ぷ～ん
ガサッ

その瞬間
私には分かった――
この猫《ひと》は
ぽしっ
にぼしが欲しいと
そう言ってる――…
あーっまだ
あげると言ってない
食べたからには
協力して
もらいますよ
2匹は
あげない!!
にゃーーーん
もしゃ
もしゃ

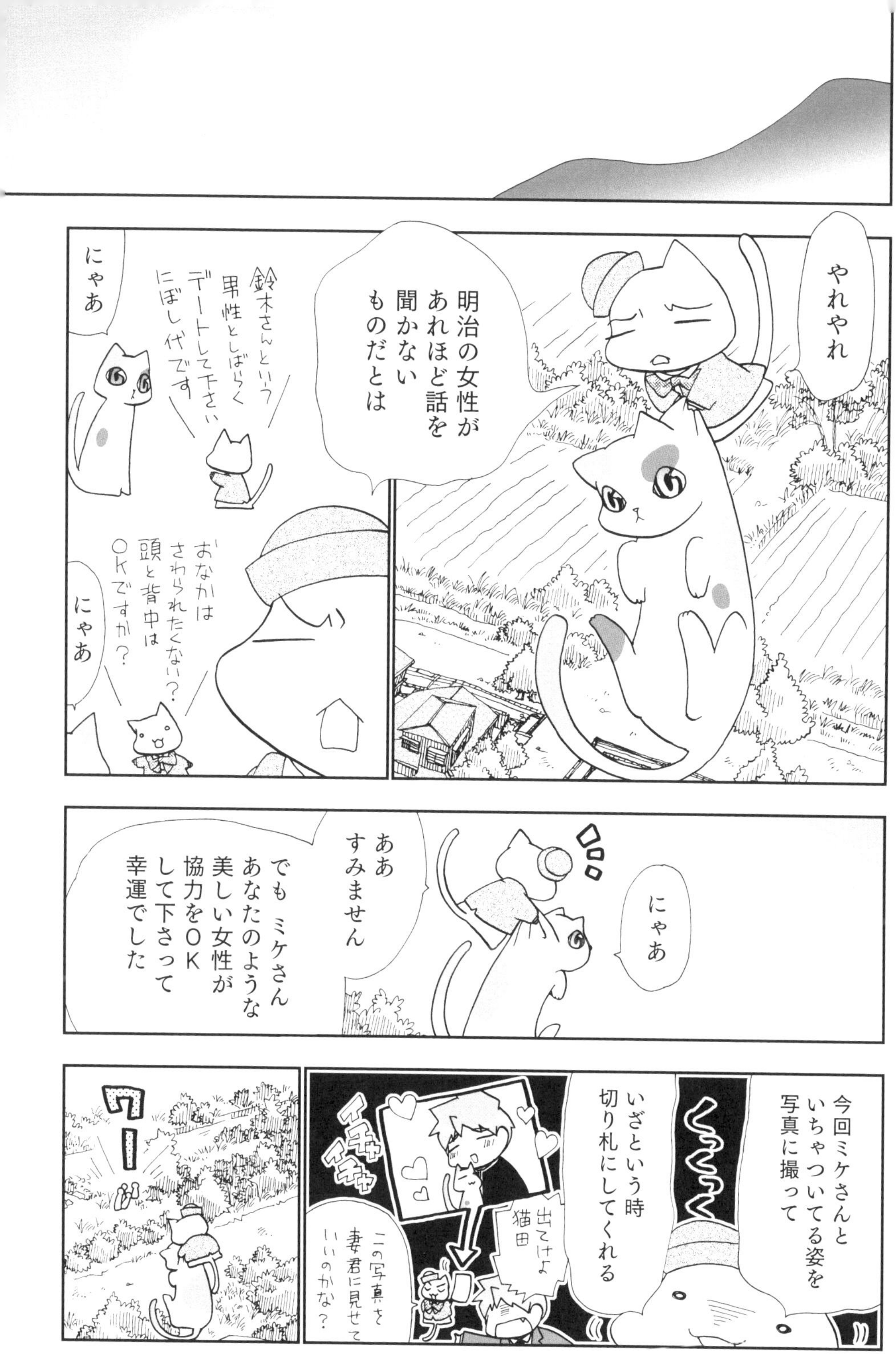
やれやれ
明治の女性があれほど話を聞かないものだとは
鈴木さんという男性としばらくデートして下さい にぼし付です
にゃあ
おなかはさわられたくない？ 頭と背中はOKですか？
にゃあ
にゃあ
ああ すみません
でも ミケさん あなたのような美しい女性が協力をOKして下さって幸運でした
今回ミケさんといちゃついてる姿を写真に撮って
いざという時切り札にしてくれる
イチャイチャ
出てけよ猫田
この写真を妻君に見せていいのかな？
ワーー

ギャーッ
おいヤメろ
マジヤメろ
誰か──
脱がすな──ッ
…………
…………
あっ猫田
助けろ!

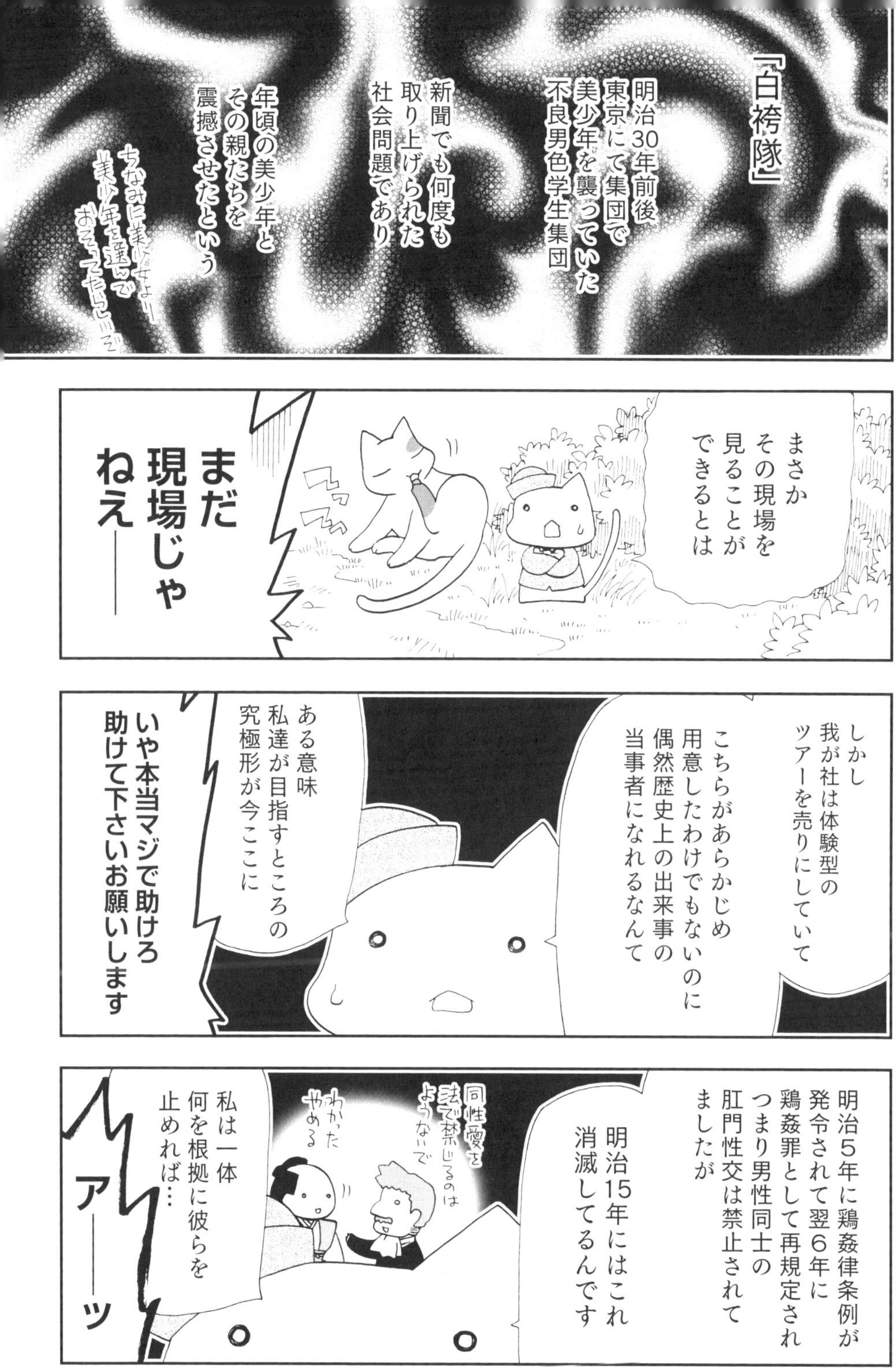
『白袴隊』
明治30年前後
東京にて集団で
美少年を襲っていた
不良男色学生集団
新聞でも何度も
取り上げられた
社会問題であり
年頃の美少年と
その親たちを
震撼させたという
ちなみに美少女より
美少年を選んで
おそってたらしいぞ
まさか
その現場を
見ることが
できるとは
まだ
現場じゃ
ねえ――
しかし
我が社は体験型の
ツアーを売りにしていて
こちらがあらかじめ
用意したわけでもないのに
偶然歴史上の出来事の
当事者になれるなんて
ある意味
私達が目指すところの
究極形が今ここに
いや本当マジで助けろ
助けて下さいお願いします
明治5年に鶏姦律条例が
発令されて翌6年に
鶏姦罪として再規定され
つまり男性同士の
肛門性交は禁止されて
ましたが
明治15年にはこれ
消滅してるんです
同性愛を
法で禁じるのは
ようないで
わかった
やめる
私は一体
何を根拠に彼らを
止めれば…
ア――ッ

通りすがりのおまわりさんが助けてくれました
コラーッ
やべー
まったく最近の若い奴らは
えっ そんな軽いセリフ 逃がすの!?
男同士の恋愛は文明開化にふさわしくない野蛮なものとして一時法で処罰されてました
でも江戸時代はフツーにあったんです
なので慣行としてそこそこ承認される感じで
興味のある人は自分で調べてみよう
同性愛の良し悪しって問題じゃねーだろ!?
集団でいきなりムリヤリ襲われたんだぞ!?
おい そこの!
いつまでも泣いてるんじゃない!
男のくせに情けない!
ええ!?

女性の貞操も守られない時代に
家の恥だ お前にもスキがあった キズもの
男の貞操が守られるわけないじゃないですか
家の恥だ お前にもスキがあった 男のくせに情けない
なるほど!

確かに明治時代は女性が守られない時代だったかもしれない
キャー
キャー
でもじゃあ男に生きやすい時代かっつーとそうでもないぞ!!
ちなみに男性同士の同性愛行為はかなり広まってて学校や軍隊でよく行われてたとか
明治維新で中央に進出した薩摩とかの人たちが広めた説も強いよ むしろ江戸時代より広まってたのかも
逃げ場がない
あっ遅くなりましたがご紹介します明治の娘のミケさんですさあデートして下さい
猫かよ
人間は!?
あくび
明治時代の娘さん（人間）は清楚で貞淑で女らしいせいか話を聞いてくれなかったんですよねえ…
確かにそんなイメージだな!!
知らない男の人といきなりデートなんてできないわ

この頃の男子学生が
付き合える「女性」って
芸妓とか娼妓なんです
堕落
高潔!!
それに比べたら
男子学生同士の方が
お互いを高め合う
ことができる？
感じで
許容されてました
商売女に
ひっかかる
よりマシ
親
この意識が変わるのは
「女学生」が
登場してからです
男女の恋愛だと
ゆくゆくは
結婚できる
子もできる
あたたかい家庭……
はっ
男同士よりも
女の子相手の方が
未来があっていい!
という感じで
男同士の恋愛はマイナーになったんで…
そうか この時代
女の子より男の子との
デートコースにした方が
自然でしたね!
すみません
ミケさん
かわいい男の子を
紹介して
頂けませんか
何の話だよ…

あらっ課長
ぎくっ
今日は早退されるんですね
ニコッ
お疲れさまです
……
うんうん…

3課のイヤミ課長どうしたんです?
こそ
ひそ
同居の母親が要介護になったらしいわ
それでお世話が必要になったらしくて
最近しょっちゅう不定期に遅刻や早退してるの
あんたの理屈でいくと課長も外で働くべき人じゃないわよね―
ぷぷーん
うっ
それとこれとは…
同じよおーんなじ!
田中
人間誰しもいつ弱い立場になるかわからないんだから
そういう時ちゃんと守られる社会であるべきだと思うぞ…

正論……
…どうしたのかな
鈴木さん…
背中になんとなく
悲哀が
ただよっている…
ひそ
ひそ
ひそ
ひそ
ひそ
何かすごい
実感のこもった
言葉だったよ～な
気がするわ
明治時代の
デートコース
トラ猫さんと
いかがですか？
若い男ですよ
ニャー
行かねえ
絶対もう
二度とあの時代
行かねえ！
あら猫
かわいい♡

ちなみに
かの有名な正岡子規も

遣羽根や
邪魔して通る白袴隊

という句を詠んでいる。

明治時代の結婚と恋愛事情

明治時代には文明開化のスローガンのもと、物や技術だけでなく西欧の思想もどっと日本に押し寄せてきました。私たちが普段よく使っている「恋愛」という言葉は、英語のloveなどの翻訳語として明治時代に生まれた造語です。

男性の異性に対する「恋」といえば、江戸時代から続く風習として吉原の女性や芸妓など、いわば玄人相手にホレたハレたを繰り返す粋な遊びのことでした。非日常的な場で交わされる男女間の好意的な感情は、「恋」「色」「情」などの言葉で表され、結婚とは結び付けて考えられてはいませんでした。

明治20年（１８８７）前後になると「恋愛」という言葉が文壇界で使われ始めます。「ラブ」という西欧の言葉を、互いの人格や内面の尊重に基づく精神的な関係として理解し、遊女との非日常的な関係でしか「恋」を考えることができない日本の現状を批判したのです。なかでも非常に大きな衝撃を与えたのが、北村透谷が発表した恋愛論でした。キリスト教の影響を受けて恋愛が人生においてもっとも重要であると説き、色恋をただ惰性で繰り返してきた青年たちに真面目に恋愛をすべしと要求。透谷は3歳年上の石坂ミナと「恋愛結婚」しており、自らの恋愛と結婚という体験をもとに書かれたも

のでした。しかし、明治時代に定着した「恋愛」の言葉は、現在の日本で使われている「恋愛」と同じ意味ではありません。男子は「恋」ではなく「恋愛」をするべし、女子はその「恋愛」を受け入れるべし、というものでした。

一方、女性にも新たな動きがみられます。都市部において女学生が増加しつつあったのです。教養ある新たな女性像の一つとして登場した女学生は、憧れの対象として世間の注目を集める一方、ときに好奇の目にさらされて風刺の的となりました。新聞紙上などでは本分の勉強よりも恋愛にかまけ、服装も華美だとする「女学生の堕落問題」が盛んに取り上げられるように。時代は下って明治30年代末の雑誌には、男子学生と公園の茶店で逢引する女学生や、女学生の「艶文」（ラブレター）が風刺の対象として取り上げられています。こうした新しい風俗が誕生するなか、福沢諭吉などの啓蒙ジャーナリストが次々と男女のあり方を論じる文章を発表していったのです。

といっても、こうした恋愛論を目にすることができたのは一般庶民というよりも、官吏や教員、学生や豪農といった限られた知識層だったと考えられます。また民法では、男子は30歳、女子は25歳まで「結婚に対する父母の同意」が必要とされていました。そのため、西欧的な「恋愛結婚」は、明治時代においては成立しにくかったのでしょう。「恋愛結婚」が「見合い結婚」を上回るのは、戦後の高度経済成長期まで待たねばなりませんでした。

第5章

意外？ 庶民の家はどんな感じだった!?

鈴木さん
ウィークリーマンションですがここどうでしょう?
ん?
あの後アフリカに出向しました
ああ田中のね
日本に一時帰国するんですけど会議とか色々あって
そこそこ長い滞在になりそうなんでホテルよりくつろげるかなと
安上がりだし
経費…
安上がりだし
大事なことだから2回言ったんだねよく分かるよ
民泊もあるんですけどどっちがいいかなって
お値段的にはピンキリです
へえ?民泊使えるの?
なるべくくつろげるようにって優しいねー
だってアパート引き払ったらしいから…

ウィークリーは最近のマンションでよくある間取りだね
トイレ
フロ
玄関
洋室
ダイニング
リビング
ベランダ
1LDK
ですね
ごくフツー
民泊のは…一昔前のよくある間取りなのかな？
部屋ごとのしきりがカベじゃなくてフスマなので独立性低い
物置
玄関
トイレ
フロ
台所
押入
和室
押入
和室
2K…？
そうですね
どうせ一人暮らしだろうから個人の部屋はいらないし
タタミの方が日本っぽくていいかなと思うんですがどうでしょう
和…！
どうでもいいんじゃね？
ひどい

あ――
わかるわかる
昔の家って部屋がフスマとか障子で仕切られてるだけで基本的にひと続きなんだよね
うちの実家も一回目のリフォーム前はこんな感じだった
はなれ
納戸
井戸
玄関
裏庭
庭
フロ
トイレ
土間
台所
倉庫
井戸
庭
本当 昔のこと うっすら 記憶にある
土間？
お葬式のときはフスマはずして広ーくして使ってた
ひろびろ〜〜

こんばんは
ご飯下さい
猫ちゃん
いらっしゃい
ん？
部屋の間取り？
鈴木さん離婚して
別居ですか
私　妻君に
ついていく
しねーよ
ついていくって何だよ
お前なんか
つれてかねーよ
今明治時代
勉強してるんで
何か見覚えのある
つくりの気がする
資格試験…
明治ツアー…
住居編…
配点30…
合格点180…
うっ頭が
お前の職場って
そこそこ
ブラックだよね
でも明治時代は
関係ないだろ
最近よくあるつくりって
本当最近で一昔前まで
和風の畳敷きのやつが
あったわけだし
そこまで
無関係って
わけでも
ないですよ
そうなの？

明治維新後「洋風住宅」が入ってきましたからね
和風も今でもあるけど
あ——なるほど
うふふ
猫ちゃんのために買ったシ●バニアファミリーの食器セット
キャキャ
ちまちまちまちま

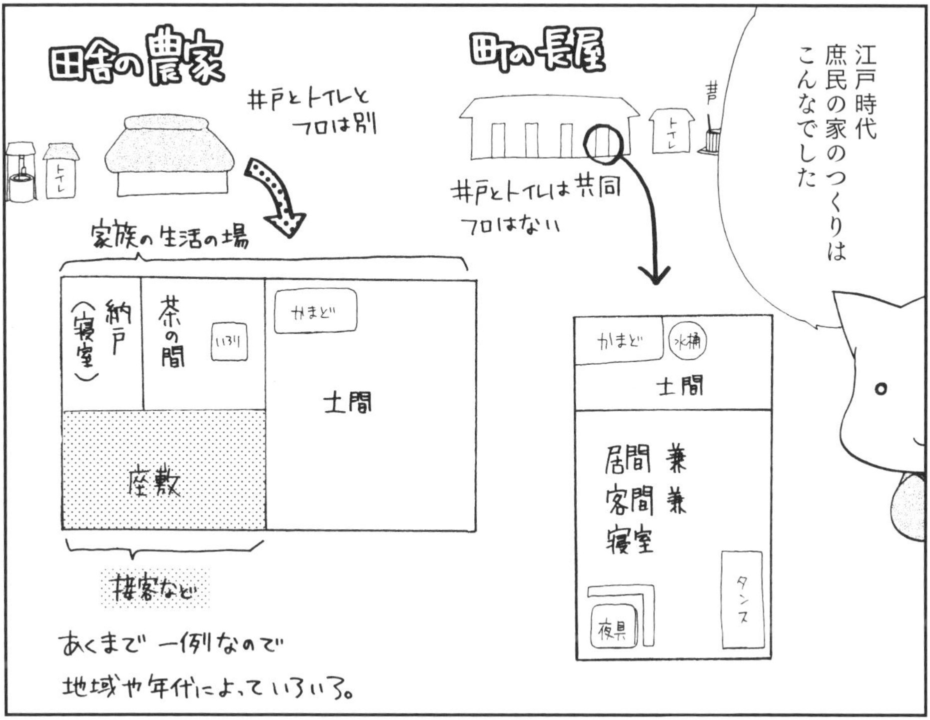
江戸時代庶民の家のつくりはこんなでした
田舎の農家
井戸とトイレとフロは別
トイレ
家族の生活の場
納戸（寝室）
茶の間
いろり
かまど
土間
座敷
接客など
あくまで一例なので地域や年代によっていろいろ。
町の長屋
トイレ
井戸とトイレは共同 フロはない
かまど
水桶
土間
居間兼客間兼寝室
夜具
タンス

今と違いすぎて全然ピンと来ない
家を見ても何人家族だとか全くわからん
ハイ猫ちゃんご飯お食べなさい

その後明治になって江戸時代の中・下層程度の武家のつくりの家に中流階級の皆様は住まわれるようになりました
明治27年 建設
森鷗外が約1年,
その後夏目漱石が住んでいた家。
この家で「吾輩は猫である」を書いた。
トイレ
おしいれ
和室
茶の間
女中部屋
フロ
台所
おしいれ
寝室
床の間
座敷
中の間
玄関
ココから入る
トイレ
書斎
北
西
東
南
洋風入ってねーじゃん
明治時代の上流階級では和風住宅に附属して洋館を建てたんです
和風住宅
(ここで生活)
洋館
(社交)
オマケ感がものすごい
洋風の応接間がフツーの家の中に入ってくるのは明治30年以降くらいですかね
ミニトマト
ミートボール

その後技術的な問題
衛生設備の問題
プライバシーの問題など
色々提起され
大正時代から
住宅改良運動が
本格的になっていきます
大正？
そもそも
和服から洋服が
主流になってきたので
あらっ洋服って
動きやすい!!
せんたくも
しやすい!!
ミートボールうめえ
そして洋服だと
やっぱり洋風住宅
の方が過ごしやすい♪
洋風建築を
日々の生活の場に
取り入れようとしたんです
まず具体的に
改良されていったのが
台所でした
調理は座って
やっていた
移動するときは
いちいち立ち上がって
また座って…
すっく
立ったまま
色々できて
全部近くに
まとまっている
これはガス水道なんかの
インフラ整備のおかげって
感じだな…

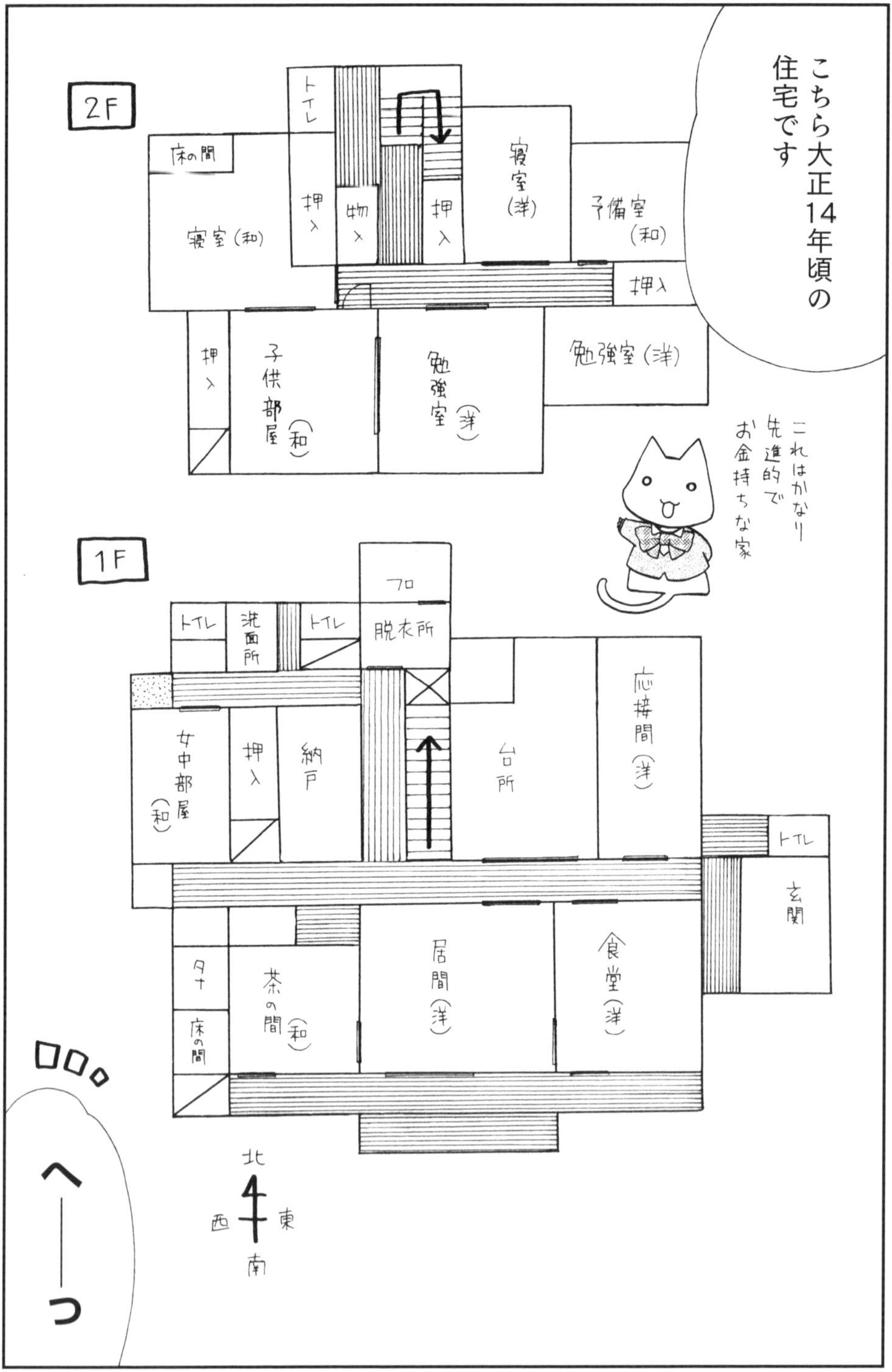

こちら大正14年頃の住宅です
2F
トイレ
床の間
寝室(和)
押入
物入
押入
寝室(洋)
予備室(和)
押入
押入
子供部屋(和)
勉強室(洋)
勉強室(洋)
これはかなり先進的でお金持ちな家
1F
フロ
トイレ
洗面所
トイレ
脱衣所
女中部屋(和)
押入
納戸
台所
応接間(洋)
トイレ
玄関
タナ
床の間
茶の間(和)
居間(洋)
食堂(洋)
北
西
東
南
へーーっ

ここまでいくと もう現在の家と そう変わらねーな
ミニトマト すっぱー
3ページ前の 少し前のつくりの家と 大きく変わってるとこ わかりますか?
変わりすぎてて わからない
洋室が 入ってることと
しっかり壁が入ってて 部屋の独立性が 上がったことかしら
障子とかフスマ すぐ簡単にはずせる
カベ
その通り! 前述しましたが プライバシーの問題は 大きかったですから!!
あとは何だろう…
2階ができた?
トイレが増えた?
子ども部屋ができた?
家長以外の家人の 個室ができたってのも 昔の家との 大きな違いですが
家長の個室って あったっけ…?
客間のこと?
「家」のつくりの何を 重視するか? という 思想の変化があるのです

ヒントです
それぞれの家で 一番いい位置にある部屋は何ですか？
一番いい位置？
部屋の広さ… いや「位置」なのか
日当たりで考えたら南かしら
昔の家のやつでは
フロ
台所
女中部屋
茶の間
和室
おしいれ
中の間
座敷
寝室
おしいれ
床の間
トイレ
玄関
書斎
座敷… 客を迎える部屋だな
大正14年の家では
トイレ
玄関
食堂(洋)
居間(洋)
茶の間(和)
タナ
床の間
あっ居間!?

その通り!!
大正期以降
だんだんと居間が
南側を占める
ようになります
たまに来る客より
家族の団欒を重視する
ようになってきたのです!!
ほのぼの
大正…
あーなるほど
昔は家長…
父親の力が
強かったのね
父親強し!!
確かに居間は
現在家の中心だ
客をリビングに
通すことも
多い
今や応接間や
客間なんて
ない家も多いよな
てか
大正なのな
住宅改良運動
とやらも
大正って
言ってたし
例に出た家の
間取りも
大正だったし
今お前が
勉強してる
明治じゃ
ねーんだな
そうですが
それでも

大正で大きく変化するきっかけは明治にあったのです
はっ
そんなもんなんとでも言える
証拠でもあんの?
よくぞ聞いてくれた!!
あります
…あんの?
なぜならちゃぶ台が明治以降に広まったから!!
明治10年代末から広く使われはじめ30年代後半あたりから一気に広まったと思われる
(東京の話 地方はもっと後で昭和に入ってからというのも多い)

…?ちゃぶ台?
ちゃぶ台
これは?
コタツ
昔は一人一人別の膳を使ってたことはご存知ですか?
今でも旅館では使われてるな
昔は個人主義だったの?
というより
身分の差がハッキリしてたんです
家長は蝶脚膳
家人は木具膳
雇い人は箱膳…などのように
中世以来日本は武士の世の中でした
つまり戦闘集団
TOP
厳然とした上下関係があり
家庭内でもそれを秩序正しく維持していたのです
TOP

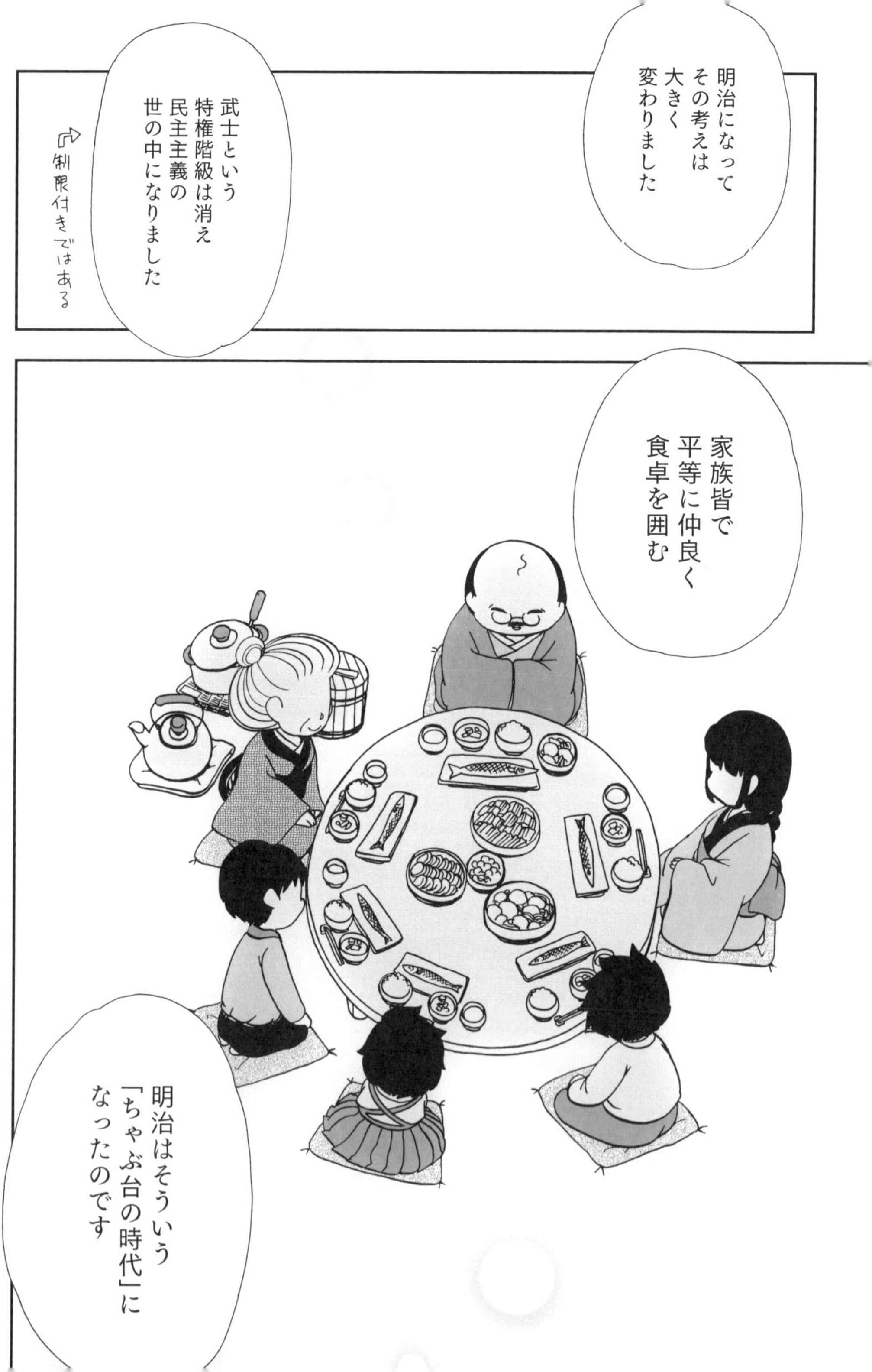
明治になってその考えは大きく変わりました
武士という特権階級は消え民主主義の世の中になりました
制限付きではある
家族皆で平等に仲良く食卓を囲む
明治はそういう「ちゃぶ台の時代」になったのです

昔の家との違いは家長以外の家人のプライバシーの確保と
家族の団欒の重視
その前段階としてあったのがちゃぶ台の普及
なるほど
確かに「家」において何を重視するか？という思想の変化があるような気がするわね
ワイワイ
新しい時代特に地方から出てきた都市労働者たちはそれまでの封建的な束縛から自由でしたから
コレを人数分用意しなきゃいけないの!?
マジで!?
ひとつで済むしこれでいいや
書き物する時にも使えるし…
権威よりも実用性を選んだというのもありそうです

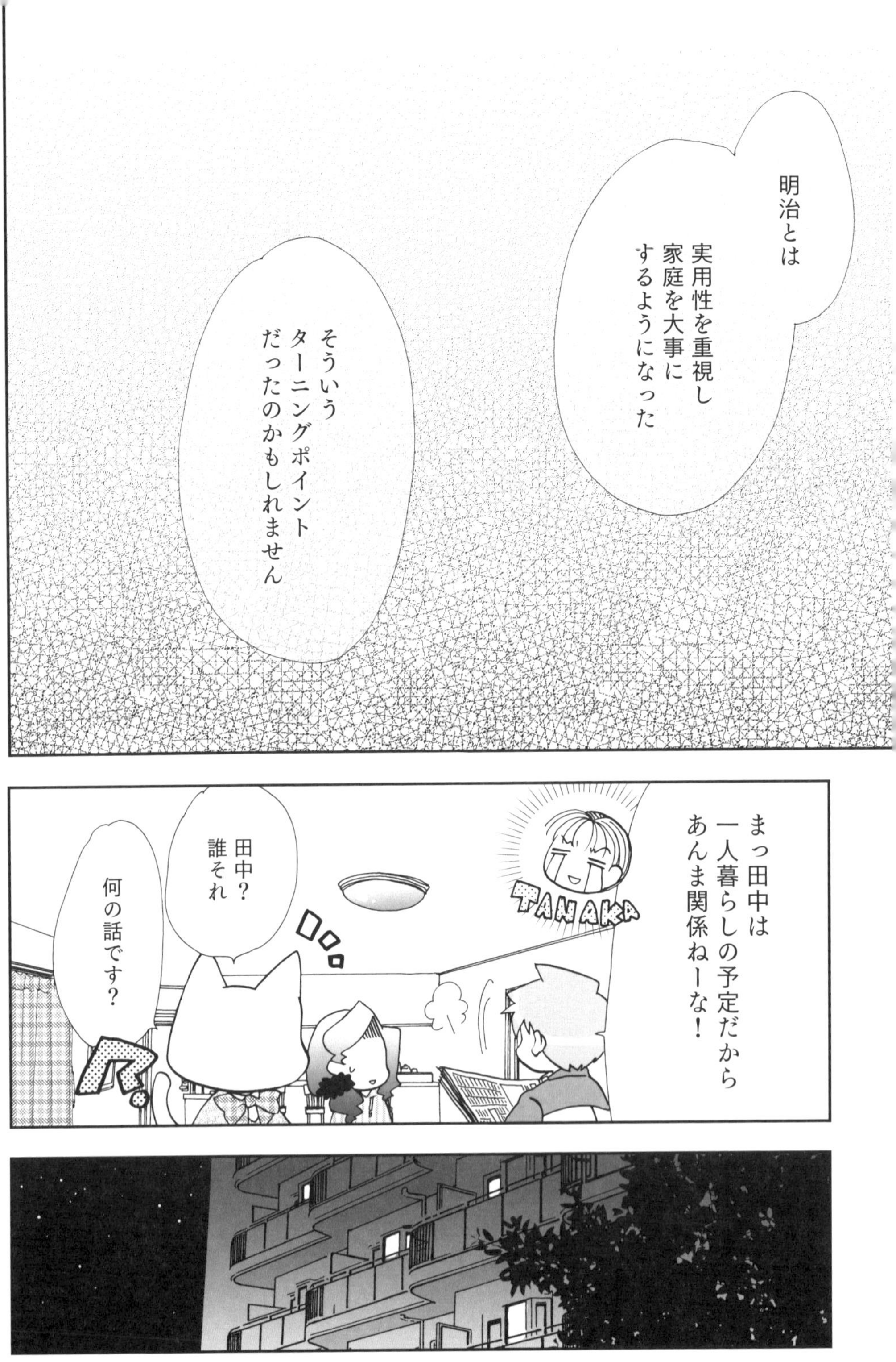
明治とは
実用性を重視し家庭を大事にするようになった
そういうターニングポイントだったのかもしれません
まっ田中は一人暮らしの予定だからあんま関係ねーな！
TANAKA
田中？誰それ
何の話です？

田中の滞在先どうなった？
鈴木さん
本人から先日メールで連絡があったんですが…
一人暮らしだから田中もその辺あんま気にしないっていうか関係なかっただろ
客間重視でも居間重視でも問題ない
客間重視？
ハイ
「カギがちゃんとかかって床と壁が存在してれば何でもいい」って…
すっごく関係なかった！
あいつ今どこに出向してんの？

靴は脱ぐことをやめなかった日本人

文明開化のもと押し寄せてきた西洋化の波は、日本人の生活スタイルに大きな変化をもたらしました。ところが、居住空間における「靴脱ぎ」という習慣は変わらず今日に残っています。

文明開化の幕開けとともに入ってきた洋風建築は、まず官庁や学校、工場や会社といった公共物に取り入れられました。また洋靴が最初に必要とされたのは軍人で、官吏・教員・巡査など、新しい洋風建築を勤め先とする人々の間で主に洋靴は用いられるようになりました。役所や学校、駅、病院といった公共の施設は、明治時代から土足となったのです。

一方、日常の居住空間では依然として「靴脱ぎ」が行われていました。戦前までは借家住まいが一般的で、明治初期の借家は江戸時代と同様にほとんどが長屋で、履物を脱いで上がっていました。明治20年代になると、上流階級の住まいの形式として、伝統的な和館の横に洋館を配置するスタイルが定着します。その代表例として一部現存するのが旧岩崎邸庭園です。三菱財閥初代・岩崎弥太郎の長男の本邸として建てられたもので、和館を日常生活空間、洋館を公的な接客空間の場として使い分けていました。表向きは「洋」、

しかし裏へ回ると「和」の生活スタイルを続けていたのです。

明治31年（１８９８）に和風住宅に洋風の応接間を付けた「和洋折衷住宅」が提案されると、別々の玄関をもっていた和館と洋館がつながり、玄関が一つになります。明治42年（１９０９）に建てられた学習院長官舎では、板張りの洋室が畳敷きの和室とつながる形式で建てられています。その結果、洋室でも靴を脱ぐという形式が自然な形で踏襲されたと推測されます。外国人のために作られたスリッパが、明治30年代頃より都市の上層部を中心に日本人に履かれるようになったのも、こうした変化と関係があるかもしれません。

また、日本人が「靴脱ぎ」にこだわった背景には、雨が多く夏に湿気が高いという環境や、床に直接座ったり寝転んだりする「床坐」スタイルの生活様式などが挙げられますが、「ウチ」「ソト」の意識が根底にあるとの指摘もあります。大地をケガレ、家を神聖な場、玄関や上がり框《かまち》などをケガレを防ぐ境界とし、よごれを落とし足を洗って家に上がるという行為はケガレから神聖な場へ移行するための通過儀礼だとする考えです。こうした意識は明治に入り、「靴脱ぎ」という行為に引き継がれていたのではないでしょうか。

明治に入ってきた洋靴の文化は、屋外の履物は脱いで屋内に入る、というそれまでの習慣に対立するものでした。しかし、表を「洋」、裏を「和」として柔軟に取り入れた結果、和と洋の二重生活は今日まで続いているのです。

第6章
明治時代は、刺青は一般的だった!?

皆さん
こんにちは！
私の名は猫田
どこにでもいる
ごくごくフツーの
ツアー
コンダクターです♡
ぞろぞろ
右手に
見えますのが
世界樹
です
まぁ
ステキ
ハイ
今月の給与
にぼし3匹
だけど会社は
とっても
ブラック♡
でも私は
くじけないの

だって私は
とってもかわいいから
ご飯を貢いでくれる家があるんだもん♡
てめーがたかってんだろうが
お邪魔します
あらっいらっしゃいっ猫ちゃん
カラ…
？何をしてるんですか？
ダイエットよ最近おなかがたるんでて
ひっこめるための腹筋！
イチニ
イチニ
ここでひねって
イチニ
ああー聞いたことあります
身体変工ですね！
身体変工!?

ブロッコリー
エビフライ
ミニトマト
カツ ひと切れ
ごはん
わ～い ごちそう♡
妻君いつも ありがとう ございます!
いえいえ このくらい
エビフライは 冷凍だし カツは 残りものだし
お茶
それより 猫ちゃん さっきのはね
身体変工なんて 大したものじゃ なくってね
ああ大丈夫です わかってます

身体変工は
地域や国の
尊重すべき
文化ですから
偏見は
ありませんよ
エビフライ
うめぇ
首を
のばしたり
耳たぶをのばしたり
穴をあけたり
胸をでかくする
手術したり
腰を細く
したり
コルセット
足を
小さくしたり
てんそく
え 違…いや
その通り…!!
あなた方の
文化では
目を二重にしたり
耳たぶに穴をあけたり
皮膚に絵を描いたり
するんですよね？
皮膚に
絵を描く
例
ひりっ
入墨と
一緒にしないで!!
ああ…
そうか明治以降
あなた方は少々
刺青への感覚が
変化したんでした
江戸時代のツアー
勉強したときに
ちょっと習った
ミニトマト
？
どういうこと？
え――とですね

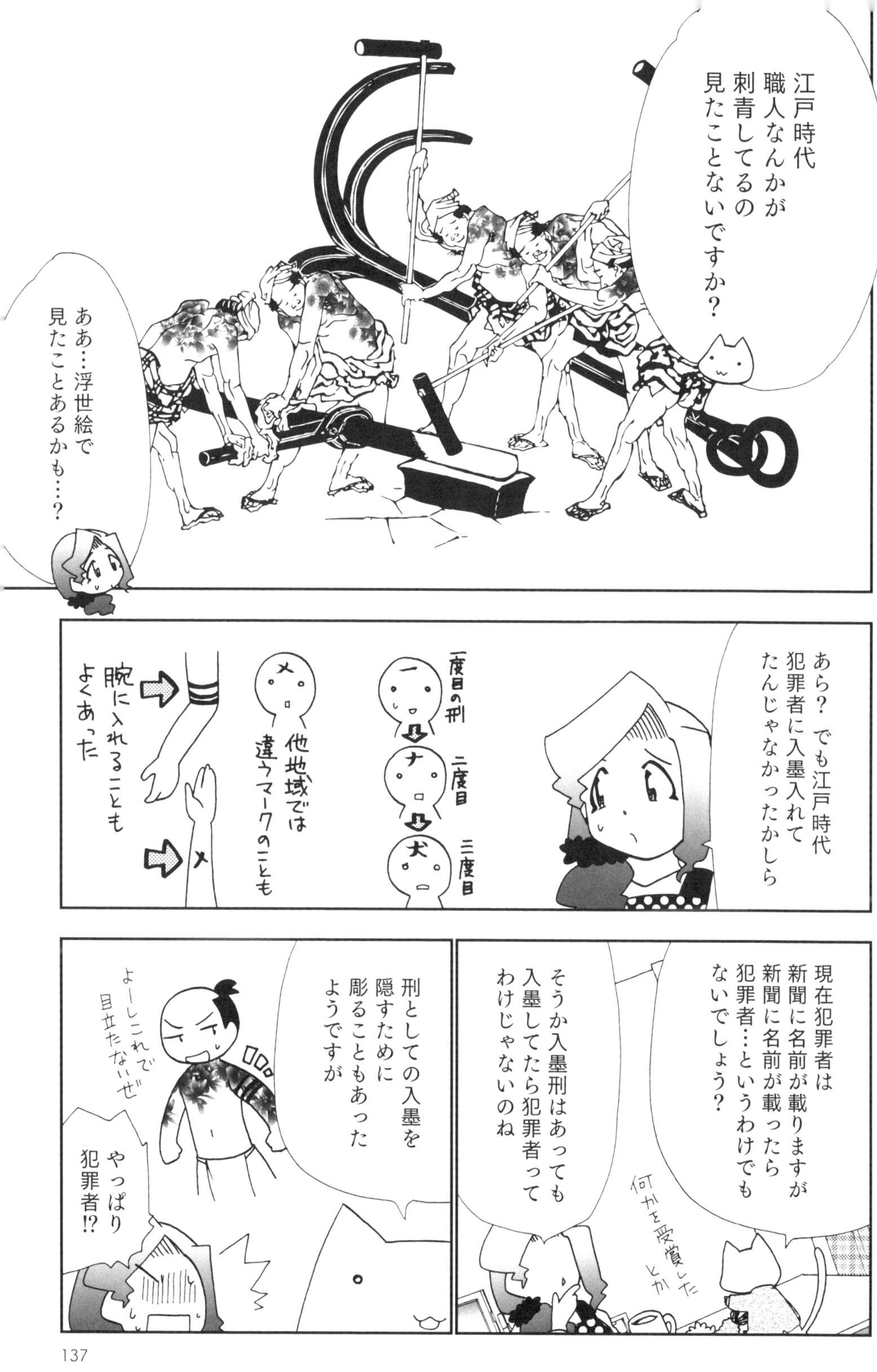
江戸時代
職人なんかが
刺青してるの
見たことないですか？
ああ…浮世絵で
見たことあるかも…？
あら？ でも江戸時代
犯罪者に入墨入れて
たんじゃなかったかしら
一度目の刑
二度目
三度目
他地域では
違うマークのことも
腕に入れることも
よくあった
現在犯罪者は
新聞に名前が載りますが
新聞に名前が載ったら
犯罪者…というわけでも
ないでしょう？
何かを受賞したとか
そうか入墨刑はあっても
入墨してたら犯罪者って
わけじゃないのね
刑としての入墨を
隠すために
彫ることもあった
ようですが
よーしこれで
目立たないぜ
やっぱり
犯罪者!?

とにかく刺青 それ自体は 良くも悪くもなく 単なるよくある 身体変工なんですよ
例えば日本でも沖縄では 20世紀の初頭頃まで 「針突」という刺青の習慣が ありました
当人の魅力を 高めるため
何らかの資格を 持つことの証明
化粧に近い
アイヌの女性 美や貞淑さを示す
成人で結婚 できることを 示したり
ごはんつぶ
宗教
民間療法
はーい 痛いよ
お灸に近い
タトゥーしてる外国人を 入浴施設がお断りして 問題になったって 聞いたことあるわね
イレズミの ある方 入浴お断り
ガーン
タトゥーには 宗教的な意味が あるのに、
日本では入墨って言えば 暴力団を想像するけど 最近はファッションで入れる 若者もいるとは聞くし
カッコイイ
LOVE

そうそう
真夏 鈴木さんがスーツで暑がってるでしょう
あちぃ〜
蒸し暑い日本 スーツとか絶対まちがってる〜〜
そうね
人の目がなかったら脱いじゃうでしょ？
ぬぎっ
あー あっかった!!
そうね
外国人という「外の目」がない江戸時代！ 庶民はかなり裸で暮らしていたのです!!
ブロッコリー
だらだらだら
そうなの!?
あと和服って動くときジャマだしね 職人はよく脱いでたよ
んで!!
皆が無地の服ばっかり着てたらファッションとして色や柄のある服ステキに見えるよねって感じで
肌に絵を描く刺青という文化がはやったのです!!
文化
ええええ!?
オシャレー
かっこいー

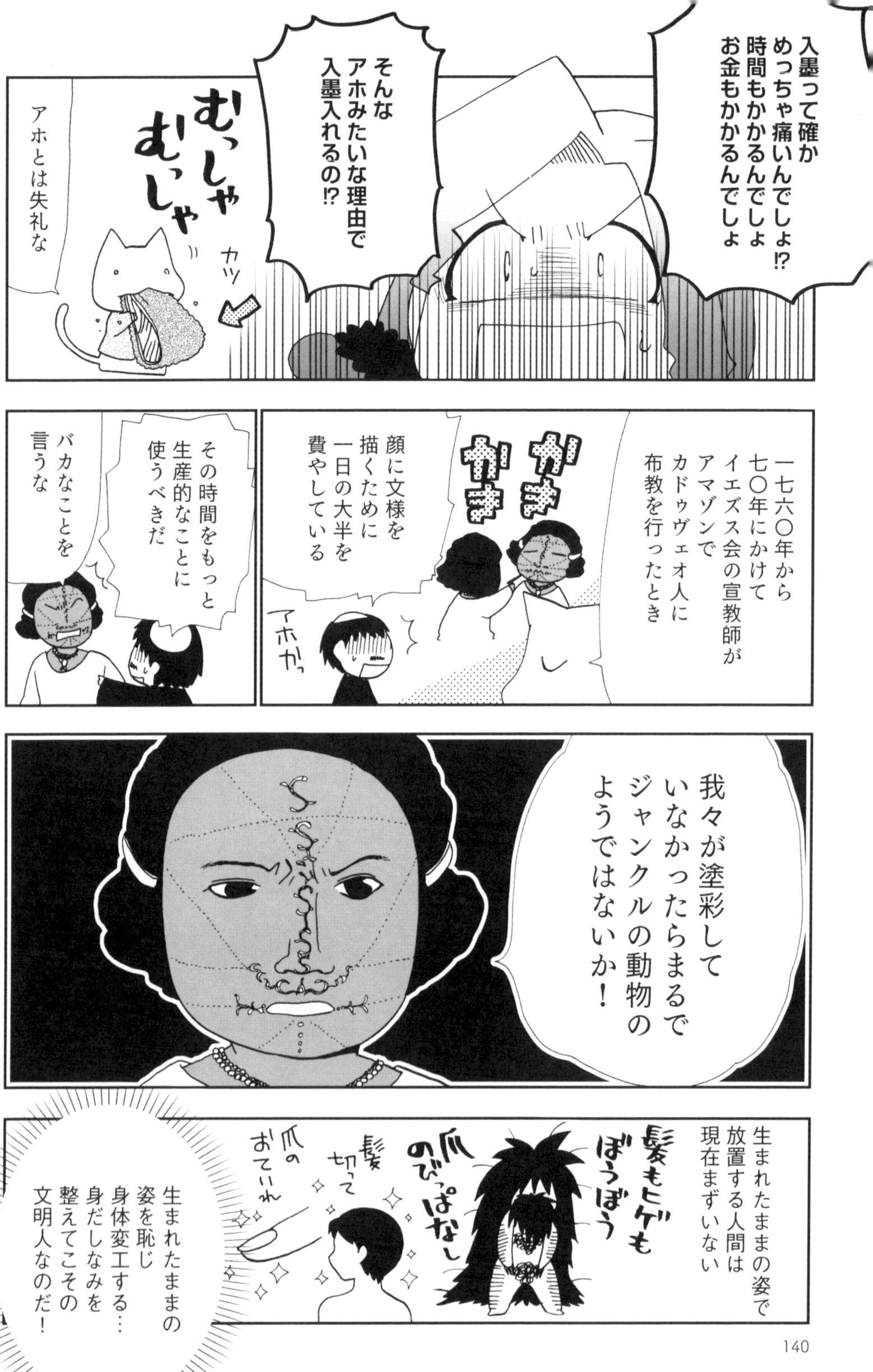
入墨って確か
めっちゃ痛いんでしょ⁉
時間もかかるんでしょ
お金もかかるんでしょ
そんな
アホみたいな理由で
入墨入れるの⁉
むっしゃむっしゃ
カッ
アホとは失礼な
一七六〇年から
七〇年にかけて
イエズス会の宣教師が
アマゾンで
カドゥヴェオ人に
布教を行ったとき
かきかき
顔に文様を
描くために
一日の大半を
費やしている
アホかっ
その時間をもっと
生産的なことに
使うべきだ
バカなことを
言うな
我々が塗彩して
いなかったらまるで
ジャングルの動物の
ようではないか！
生まれたままの姿で
放置する人間は
現在まずいない
髪もヒゲも
ぼうぼう
爪
のびっぱなし
髪
切って
爪の
おていれ
生まれたままの
姿を恥じ
身体変工する…
身だしなみを
整えてこその
文明人なのだ！

痛くて時間と金がかかるから
アホらしいというなら
現代の日本女性の身だしなみは
どうなんですか!!
高級化粧品
痛いハイヒール
ネイルアート
アイプチとか
痛いのあるわ――
とは言っても江戸時代
刺青を彫るのも
職人や火消
飛脚や駕籠かき等で
あくまでマイノリティ
特に支配階級の武士や一般の
女性で刺青を入れる人は
ほとんどいなかった
ようですけどね
ちらと見えるのが粋
幕府は
一八一八年から
刺青禁止令を
何度か一応
出していますが
ほとんど
効力はなく
少なくとも世間に
今ほどの忌避感は
なかったのですよ
儒教
両親からもらった
体をあえて
傷つけるのは
良くない!!
しら～ん
遠山の金さんは?
この桜ふぶきが
すべて
お見通しよっ
ばっ
あれはかなり
珍しい変な人
武士よね
桜ふぶきじゃ
なかった説も
あるし

江戸時代の日本で入墨は今とは違って悪いものじゃなかったってのは分かったわ
文化であり文明なのね…
それが明治に変わったの?
その通り!
明治時代…
アメリカが来て鎖国が終って
外国との付き合いがはじまった時代よね
ハイ
当時の近代国際法では世界の国・地域を3つに分類しました
①文明国
②半未開国
③未開国
ごはんつぶ
③はたとえそこに人が住んでいて独自の国家を作っていても
①が自由に征服してオッケー!!となっていたのだ!!
①の文明国の中で先占取得した国の領土になる(植民地)

だから日本は①の文明国になろうと努力した!!

旧い風習はすべて一掃し
文明国にならねばならない！
廃藩置県で
集権国家としての
体制を整え
迷信や呪術など
民族的な神仏の
信仰を抑圧
男女混浴や春画（エロ絵）
彫り物や裸体など
猥雑さや暴力などを伴う
庶民の暮らしを
管理または禁止した！

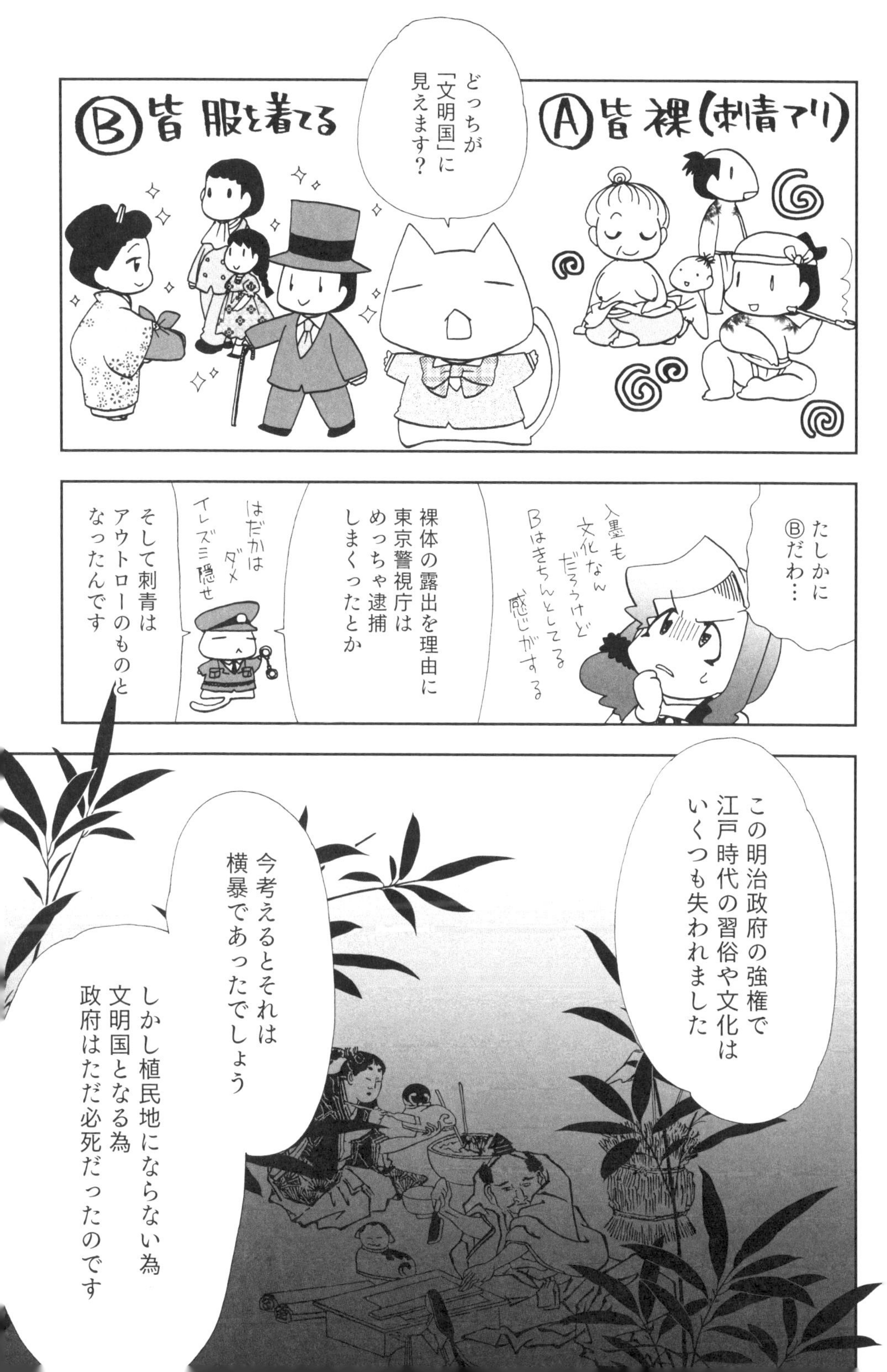
Ⓐ皆裸（刺青アリ）
どっちが「文明国」に見えます？
Ⓑ皆服を着てる
たしかにⒷだわ…
入墨も文化なんだろうけどBはきちんとしてる感じがする
裸体の露出を理由に東京警視庁はめっちゃ逮捕しまくったとか
はだかはダメ イレズミ隠せ
そして刺青はアウトローのものとなったんです
この明治政府の強権で江戸時代の習俗や文化はいくつも失われました
今考えるとそれは横暴であったでしょう
しかし植民地にならない為文明国となる為政府はただ必死だったのです

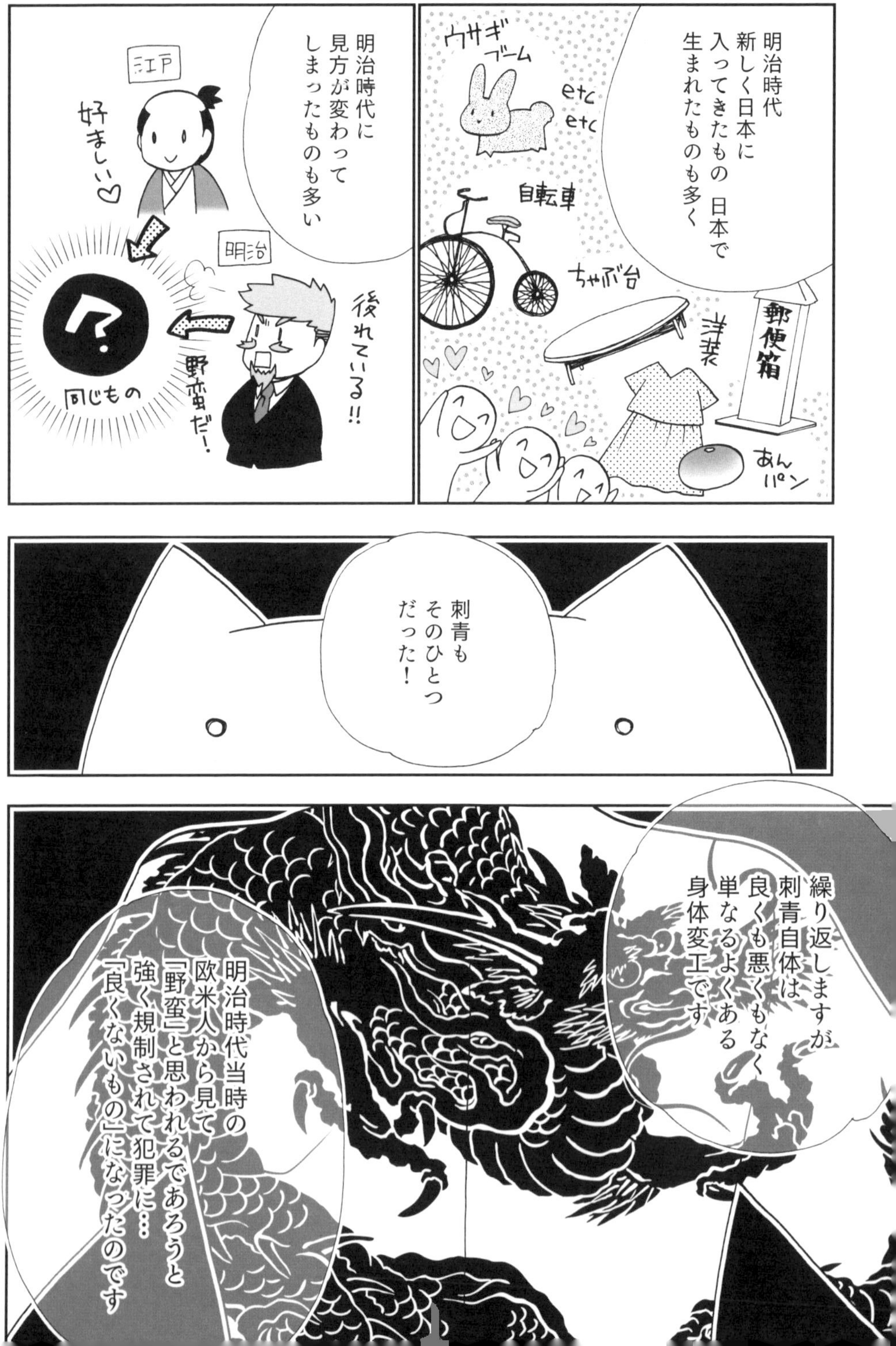
明治時代
新しく日本に入ってきたもの 日本で生まれたものも多く
ウサギブーム
etc
etc
自転車
ちゃぶ台
洋装
郵便箱
あんパン
明治時代に見方が変わってしまったものも多い
江戸
好ましい♡
明治
後れている!!
野蛮だ!
同じもの
刺青もそのひとつだった!
繰り返しますが刺青自体は良くも悪くもなく単なるよくある身体変工です
明治時代当時の欧米人から見て「野蛮」と思われるであろうと強く規制されて犯罪に…「良くないもの」になったのです

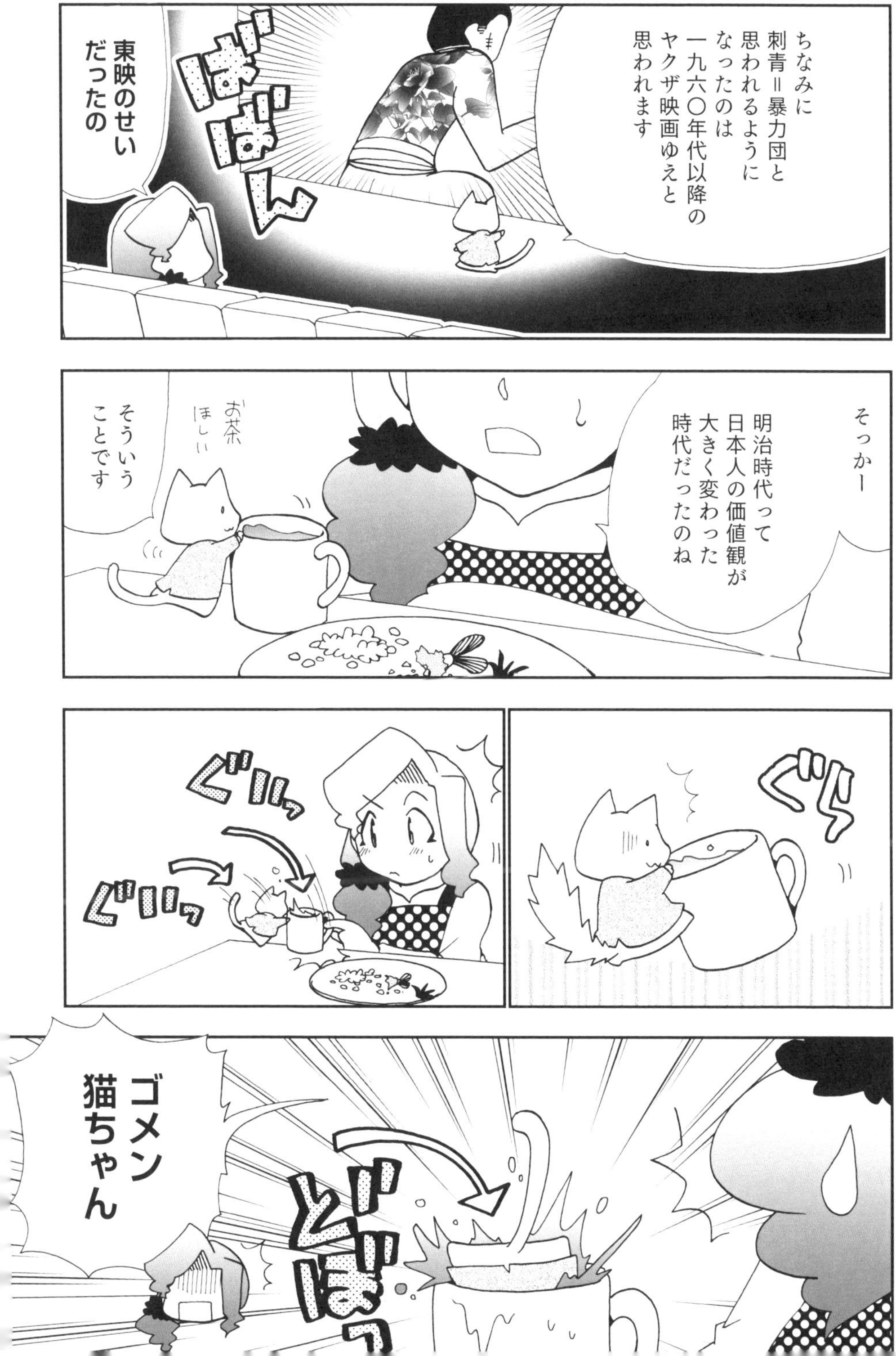
ちなみに刺青＝暴力団と思われるようになったのは一九六〇年代以降のヤクザ映画ゆえと思われます
ばばん
東映のせいだったの
そっかー
明治時代って日本人の価値観が大きく変わった時代だったのね
お茶ほしい
そういうことです
ぐら
ぐいっ
ぐいっ
ゴメン猫ちゃん
どぼっ

横着せずに猫ちゃん用の食器出すべきだったわ
ごめんね
ゴオオ
ご面倒おかけします
ついでにお話ししますと刺青ですが
野蛮だと思った欧米人がいたのも事実ですけれど
例
旅行家イザベラ・バード
ドン引き
すばらしい芸術だと思った欧米人たちがいたのもまた事実なのです
そうなの？
英国のアルバート王子とジョージ王子（のちのジョージ五世）やロシアのニコライ皇太子（のちのニコライ二世）などは日本で刺青を彫ったらしいです
超大物

それはまた
皮肉な話ね
ぺた
そうですねえ
欧米の方々の価値観も
決してひとつでは…
ぺた
ただいま――
また来てたのか
猫田
お帰り
ハダカ(?)
いやん
えっち!!
生まれたままの
姿を恥じる
私文明人!!
何が!?

人はいわば裸になれないサル
身体の保護や体温調節などの目的がなくても
けけいさつ…
裸でいることを恥ずかしく思ってしまう生き物
まったくレディの裸を見るなんて失礼な
ぷんすか
猫だから!!
毛皮着てるじゃねーか
てゆーかお前女だったのか
猫ちゃん女の子だったのねそれは恥ずかしかったわよねごめんなさい
ひぃっ
わかって頂けましたか
毛皮があるだろうが
猫だから!!
毛皮があるからいいってもんじゃないの裸は恥ずかしいのよそれが文化なの
そうだ　そうだ

宗教や民族によってはこういうレベルで「入墨してないと恥ずかしい」って思う人もいるのかしら
そうかもしれませんね
ファッションで入れてる人もいるだろうけど
グローバル化も進むしもうすぐ東京でオリンピックもあるし
ウゥむ
…自分がやろうとはまだ思えないけど
他人がやっているのは受け入れるようにした方がいいのかしらね…
ちなみに「入墨」は刑罰イメージが強いので「刺青」とか「彫り物」と呼んだ方がいいらしいですよ
そうなの?
イ
イレズミ……?

イレズミって
何でそんな話なの？
い入れたいの？
何かあるなら話を聞くからちゃんと話し合おう！
イレズミって言うとまだまだこういう考え方が大多数よね…
※他人のイレズミは容認しても家族には反対する人多し
私の裸を見た慰謝料としてしばらくごはんを食べさせてください
かつおぶしがあると嬉しいです♡
そうでなくてもタカリに来るじゃねーかっ
人んちの廊下で裸になっといてこの言い草
そのくらいいいじゃーん

COLUMN 06

お雇い外国人ベルツの刺青論

幕末から明治初期に来日した外国人は、日本人の裸体をさらす風俗とともに、見事な刺青について驚きをもって記しました。なかでも、ドイツ人医師エルヴィン・フォン・ベルツは刺青に関する興味深い論文を残しています。

ベルツは明治天皇の主治医を務め、29年にわたり日本で活躍したお雇い外国人です。与えられた仕事以外にも日本に強い関心を持ち、日本について多くの論文を著し、世界における日本のイメージ形成に大きく貢献しました。

明治16年（1883）、ベルツは「日本人の刺青は着物である」とする論文を発表しました。アイヌやほかの民族では、顔や手という外に出ているところに刺青をするのに対し、日本人は着物に隠されているところ、つまり身分制によって決められた服装で隠されている皮膚にだけ刺青をすることに着目。日本人の刺青＝着物である理由として、次の4つを挙げました。

①刺青をしている大都会の職人や駕籠かきは紺色の半被を着ており、その丈は太ももの真ん中まで。刺青はこうした服装にちょうど隠れるようにほどこされている。

②職人はだれでも刺青をしているわけではなく、駕籠かき、飛脚、人足とい

う力仕事や汗をかく仕事に携わる職人、しかも都会で働く職人だけ刺青をしている。汗をかき裸になるのは、都会ではみっともないとされる。だから、刺青で着物を着ているように見せているのだ。
③刺青の色は、着物と同じ色である。すなわち、濃い藍色である。
④刺青の大きさは、火消しをかねる仕事師の着物に、ちょうど一致している。

さらにベルツは刺青を入れた人物に取材したところ、「着物がないときは、せめて肉じゅばんでも付けていなければ男の恥でござんす」という答えを得たことを紹介。明治以降、政府が庶民の裸体を取り締まったことで、着物としての刺青が意味を失い、衰退していったと指摘しました。

また、それ以前にも日本人の刺青が着物の役割を果たしていると感じた外国人もいました。幕末に来日したリチャード・マウントネイ・ジェファソンは、明治2年（1869）に出版した共著で次のように記しています。

「夏には彼らは着物を脱ぎ捨てる。（略）しかし、着物を着ていないという点では目立たない。というのも、着物はぴったりと合った肉の上着に置き換わっているからだ。肉の上着とは、最もすばらしい模様の刺青のことだ」

実際、明治初期までは刺青を衣装のように誇示して美を競い合う「文身《ぶんしん》会《かい》」が開かれていました。明治政府により非合法となった後でも、刺青を裸体の美として愛でる感性は庶民の間にしばらく生き続けたといいます。

第7章

当時と現在、「洋食」に違いはあった？

ポチ ポチ
何見てるんです？
にょっ
うわぉ
何って ネット小説だよ
無料で読める…
素人がネットにアップできるサイトがあって それで
面白いんですか？
面白いっつーか… 作品によるけど…
基本主人公が超強くて苦労なく敵倒すから
俺TUEEE
チート！ ハーレム!!
俺が読んでるのは
ストレスなく何も考えず読めて楽しい…
ウフフ 娯楽で脳みそ使いたくない 深く考えず楽しくなりたい
疲れてるなあ現代人

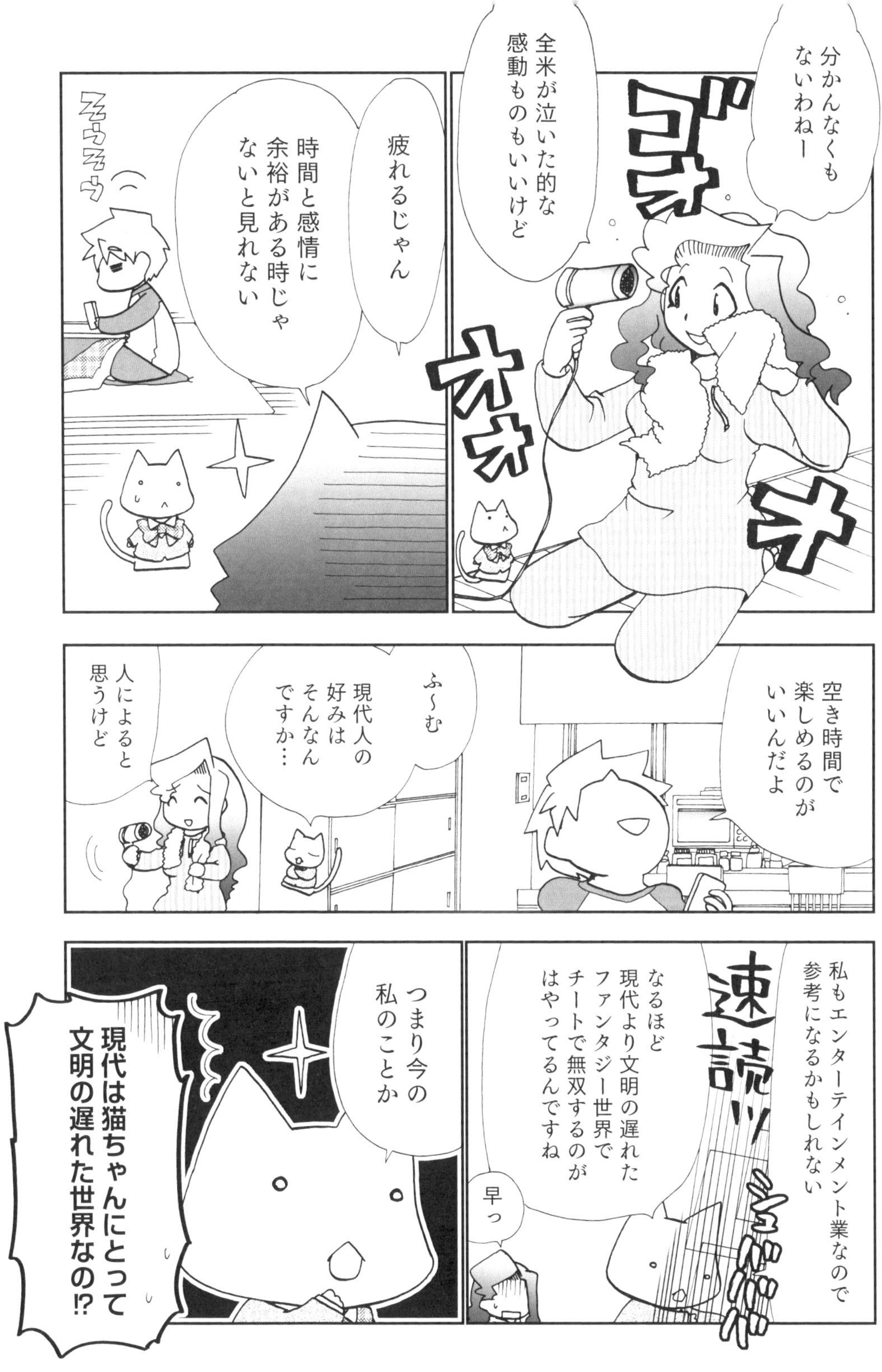
分かんなくもないわねー
全米が泣いた的な感動ものもいいけど
ゴオオオ
疲れるじゃん
時間と感情に余裕がある時じゃないと見れない
空き時間で楽しめるのがいいんだよ
ふ〜む
現代人の好みはそんなんですか…
人によると思うけど
私もエンターテインメント業なので参考になるかもしれない
速読ッ
なるほど現代より文明の遅れたファンタジー世界でチートで無双するのがはやってるんですね
早っ
つまり今の私のことか
現代は猫ちゃんにとって文明の遅れた世界なの⁉

いまより劣った社会で優越感を得たいのなら発展途上国へ行けばいかがですか？
?
お前…いろいろと問題発言…
そんな感じの番組あるわよね
日本の水洗トイレ♡
スゴーイ
日本の技術で井戸を掘る
スゴーイ
気軽に空き時間で楽しめるのがいいって言ってんだろ
実際に他国に行くってなると治安とか病気とか言語とか不安だし金もいるし
単なる娯楽なの!! 何で実際にやれって話になるんだよ
ふうむ 現代人の単なる娯楽…
安全にチートして優越感…
ハッ
過去に行けばそれができるじゃないですか
まさに私の仕事
よーし明治時代 行きましょう
えっ
ちょっと待…

フッ
えっ 何 ここ
スマホが どっか行った
暗い…
あっち 出口？
ばん

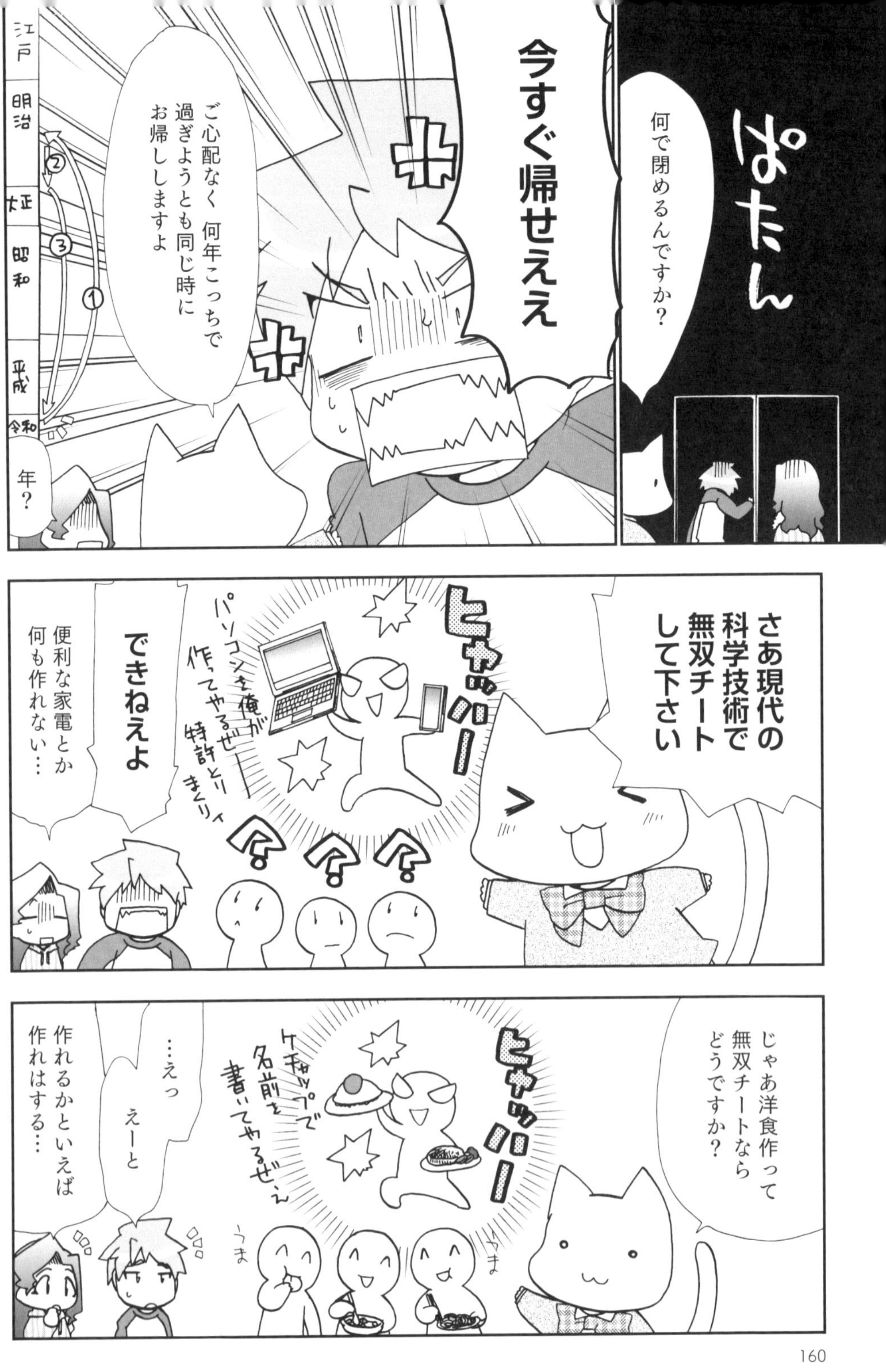
ぱたん
何で閉めるんですか？
今すぐ帰せえぇ
ご心配なく 何年こっちで過ぎようとも同じ時にお帰ししますよ
江戸
明治
大正
昭和
平成
令和
年？
さあ現代の科学技術で無双チートして下さい
ヒャッハー
パソコンを俺が作ってやるぜ 特許とりまくりィ
できねえよ
便利な家電とか何も作れない…
じゃあ洋食作って無双チートならどうですか？
ヒャッハー
ケチャップで名前を書いてやるぜぇ
…えっ
えーと
作れるかといえば作れはする…
うま
うま

ウマー
こんなおいしいのはじめて食べた
うまいうまい生きてて良かった
こんなものを作れるなんて天才だ
ぜひうちのホテルの料理長に!!
キャ
今明治時代だっけ?
えっと西洋料理が入ってきた頃よね
ハイ
その通りです
でもそのまんまの西洋料理は当時の日本人にあまり受け入れられませんでした
バタくさい
獣肉のカタマリ…

え？　そう？
洋食って
おいしいじゃん
「洋食」って
西洋料理を
日本風に
アレンジした
ものですよ
日本のカレーとか
本場インドのと全然
違うって聞いたことはない？
わかるかも
外国料理って
そこまで
おいしくもないわ
うまいまずいというか
日本人向けじゃない
学生時代に行ったイギリス
一番おいしかったのは
お茶だった…
ぐ〜
わあすごい
めっちゃ空腹なのに
食べたくない
紅茶と
スコーン
だけは
おいしかった
イギリスって…
フランスとか
イタリアなら
うまいだろ
たぶん
イギリスも
最近はご飯
おいしい
らしいですよ…
獣肉は空気に触れると
鮮度が落ちます
なので
空気に
触れる面が
少ない様
ブロック肉
現代でも
欧米の肉は
ほとんど
ブロック
硬いんだよ
俺たち魚みたいに
柔らかい肉が好き
日本人はこの肉を薄く切り
食べやすいように
ぺろん
現代でも海外の日本人は
薄切り肉を手に入れる為
専用スライサーを買う
こともあるとか
食べ慣れた和風の調味料で味つけ
最初は
みそ
米
その後
しょうゆ
さとう
そうしてできたのが

注1.当時の煉瓦亭が前身のポークカツレツを生み出した。
注2.当初はチャーハンのようなもので、プレーンオムレツに包むのは1905年以降とする説もある。

西洋人を観た日本人は
ムキィ
背高い
ガタイがいい
日本人はなんて貧弱なんだ
きっとこれは食べてるものの差だ
西洋人が食べてるものを日本人も食べなくては
うわーんでもバタくさいよォ
そうして日本人の口に合うよう魔改造されまくったのが洋食なのである
イタリアにはない
ナポリタン
アメリカのともフランスのとも全然違う
ショートケーキ
魔改造って
ケーキも最初は「栄養豊富」を売りにされていたこともあるんですよ
卵
牛乳
小麦
カロリーは高いわね
明治時代は西洋料理を何とか日本人の口に合わせようと試行錯誤した時代なのか
…………
ってことは試行錯誤した結果の完成形を知ってる俺らって
めっちゃ有利でボロもうけできんじゃやね？

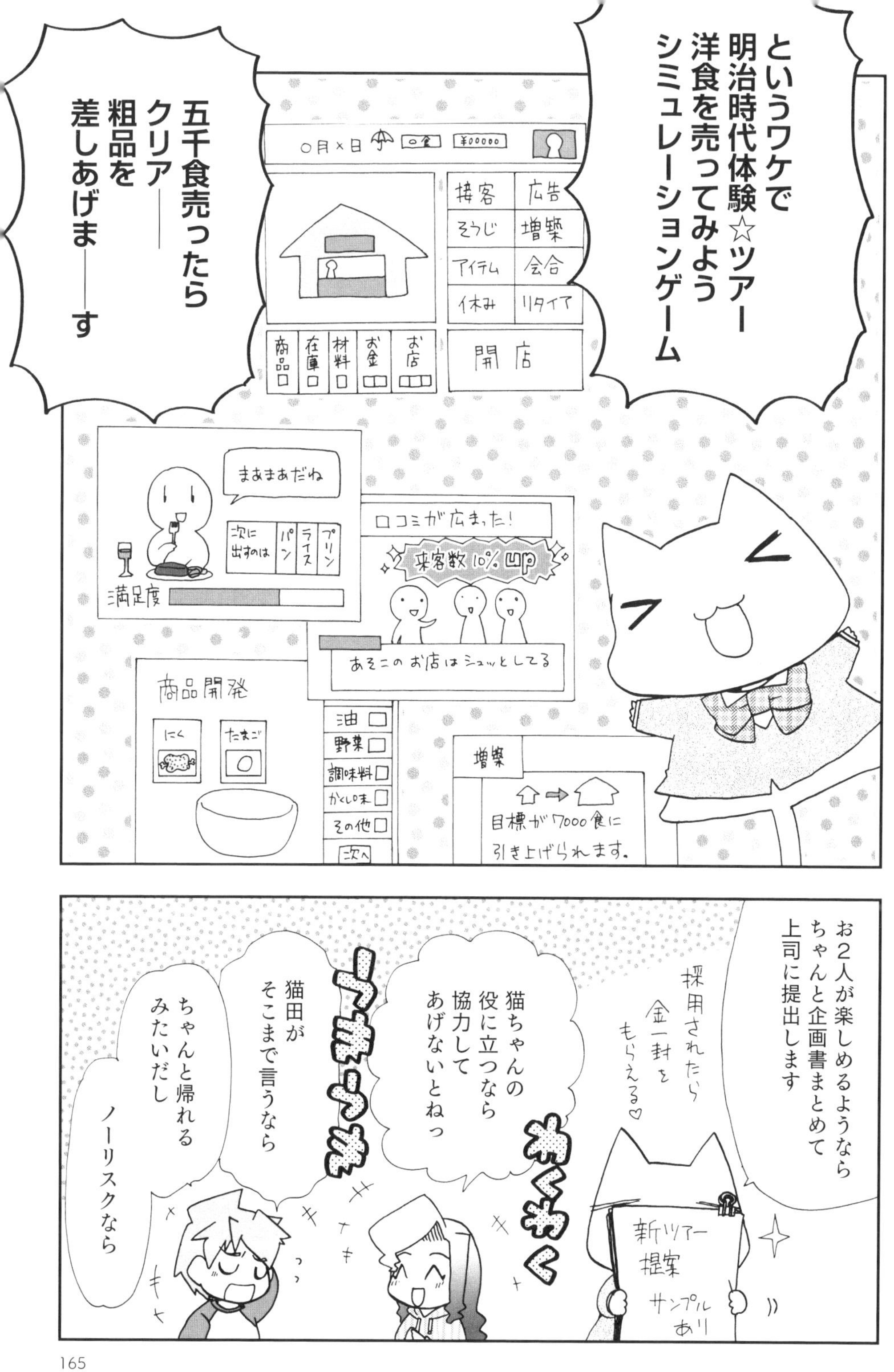

というワケで
明治時代体験☆ツアー
洋食を売ってみよう
シミュレーションゲーム
五千食売ったら
クリア――
粗品を
差しあげま――す
〇月×日
〇食
¥00000
接客
広告
そうじ
増築
アイテム
会合
休み
リタイア
商品
在庫
材料
お金
お店
開店
まあまあだね
次に出すのは
パン
ライス
プリン
満足度
口コミが広まった!
来客数10%UP
あそこのお店はシュッとしてる
商品開発
にく
たまご
油
野菜
調味料
かくし味
その他
次へ
増築
目標が7000食に引き上げられます。
お2人が楽しめるような
ちゃんと企画書まとめて
上司に提出します
採用されたら
金一封を
もらえる♡
新ツアー
提案
サンプル
あり
わくわく
猫ちゃんの
役に立つなら
協力して
あげないとねっ
ウキウキ
猫田が
そこまで言うなら
ちゃんと帰れる
みたいだし
ノーリスクなら

壁や床はここから選ぶのか
ピッ
ぱっ
かべがみ
うわぉ本当にゲーム
外観や設備もボタンひとつなんだな
その辺をリアルに苦労させてもゲームが楽しくないでしょう?
ぱっ
ぱっ
ぱっ
服も♡
よーしちゃちゃっとゲームクリアしてやろう
わーい
明治時代の人に「すばらしい店だ」ってちやほやされるぞー
外見はメルヘンに設定
ゲームがんばろーー♡
洋食屋

がら――ん
よく考えたら
一日で突然できた
怪しげな店に
客が来るわけなかった
私のせいにしないで下さい
その辺は不自然に思われないよう精神調整しています
何それ怖い
カラン♪
!
いらっしゃいませ
お冷やです
メニューです
えっと
牛肉の鍋を…
スキヤキですね
食べてさえもらえば
おいしさは分かるハズ
だからな!
ピッ
ピッ
スキヤキは洋食じゃない気もするが
調理もゲーム風
スキヤキ
牛肉
豆腐
野菜
ぱっ

おまたせしました♡
……
ぐぅ
わくわく
現代の完成された料理だからな
食べてさえもらえば
わくわく
ばくばくばく
ふーーー
げふ
ごちそうさまっ!
ばたばた

どうだった
食べた!
牛鍋
食べたぜ
マジか
スゲー
スゲー
スゲー
きゃっ
きゃっ
明治初期…
外国の料理は
入ってきたばかりで
超珍しいものでした…
猫ちゃん
若い男が度胸だめしに
挑戦するくらい
珍奇なものでした
そうなの!?
えっと 今で言う
昆虫食みたいな
感じかしら!?

ワインを見て
ヒTTTT
人の血を飲んでいる
西洋人は鬼だ
肉を食べてるのを見て
ヒTTTT
牛は大事な労働力で家族なのに
なんて残酷なんだ
でも江戸時代も実は日本人 獣肉食ってたって聞いたことあるぞ
それに日本人だって実際食べたら
味どうだった?
えーと
緊張してあんま覚えてない
おほほ
何だよそれー
昆虫食も実はおいしいらしいけど
偏見が先に立って人気にならない感じかしら
そんなレベル…?
江戸時代 確かに一部の人は肉食ってたそうですけどホント一部なんですよねェ
そういえば今も育てられた牛はおいしいけど
野生の鹿とか猪とか臭みが強くて固くて人気じゃないかも
海にはいくらでもうまい魚がいるのになんでくさい肉を食わねばならんのか

でもここから
牛鍋 実はおいしいねって
皆が少しずつ認めて
人気になっていくんです
というわけで
日本に洋食を広める
一員となって
頑張って下さい
やだ
もう心折れた
早っ
せっかく作ったのが
度胸だめしで
使われるって
何かヤダ
ここから
人気が出るまで
コツコツやるのも
面倒くさい〜〜
ゲームで
脳みそ使いたくない
苦労したくない
鈴木さん
あなた本当に
疲れてますね…
仕方ない
もうちょっと
時間を進めましょう
ブロン
ピピッ
そうね
時間が経てばもうちょっと
受け入れられてるでしょ
最終的に日本に完全に
受け入れられるのは
間違いないんだから
そうだな
前向きにがんばろう
シュン
ハーイ時間を
進めましたよー

やってますか
いらっしゃいませ
ヨロ
ぜー
はー
?
大丈夫ですか?
それより早く料理を出して下さい
ぜーはー
脚気を治す料理を!
えっ

注1.実際は西洋医も日本人でした。対立構造を分かりやすくするため、西洋人で描いています。
注2.権利まで競わせたかは諸説あり。

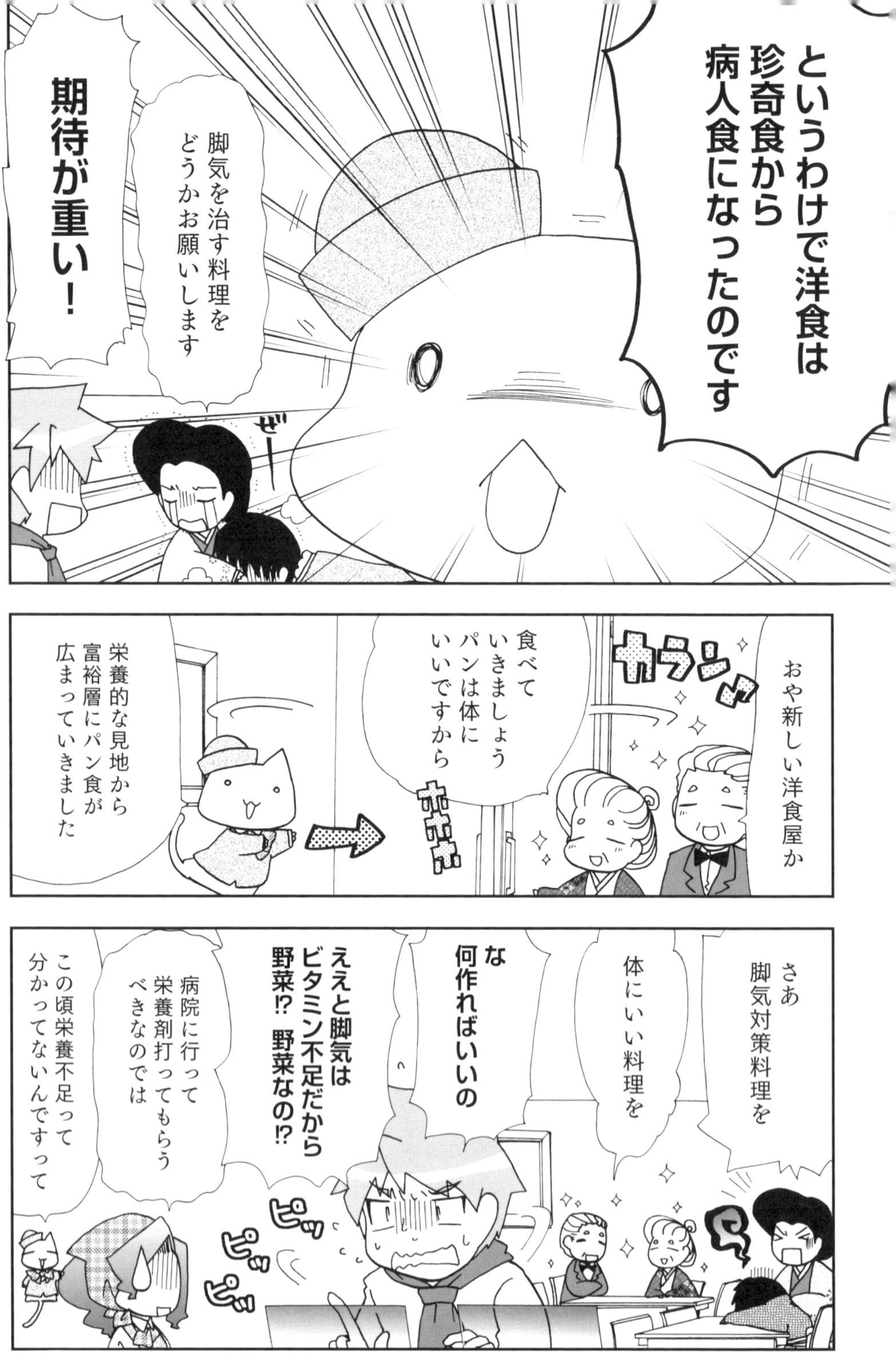

というわけで洋食は珍奇食から病人食になったのです
脚気を治す料理をどうかお願いします
期待が重い！
ゼー
おや新しい洋食屋か
カラン
食べていきましょうパンは体にいいですから
ホホホ
栄養的な見地から富裕層にパン食が広まっていきました
さあ脚気対策料理を
体にいい料理を
な何作ればいいの
ええと脚気はビタミン不足だから野菜⁉ 野菜なの⁉
ピッ
ピッ
ピッ
病院に行って栄養剤打ってもらうべきなのでは
この頃栄養不足って分かってないんですって

通って食べ続けましょうね
なかなかおいしかったわ
そうだね
ペた
休業中
ちょっと鈴木さん何やってんですか
病人来たって対応できねーんだもん!
脚気にはビタミンってわかってるじゃないですか
病名「脚気」って俺確信できねーもんもしも違う病気で治らずそのまま死んだら怖すぎるわ
猛威をふるってる脚気に対応できるんですよ
もしかして百人中八十人鈴木さんのおかげで助かるかもじゃないですか
残り二十人俺のせいで死ぬのかよやだよ怖いよ俺は医者じゃねーんだよ!
ゲームは気楽にいい気になれるのがいいんであって人の生死とかかけるのやめて…
責任重い
本当打たれ弱いな
鈴木さんよく今まで生きてこれましたね

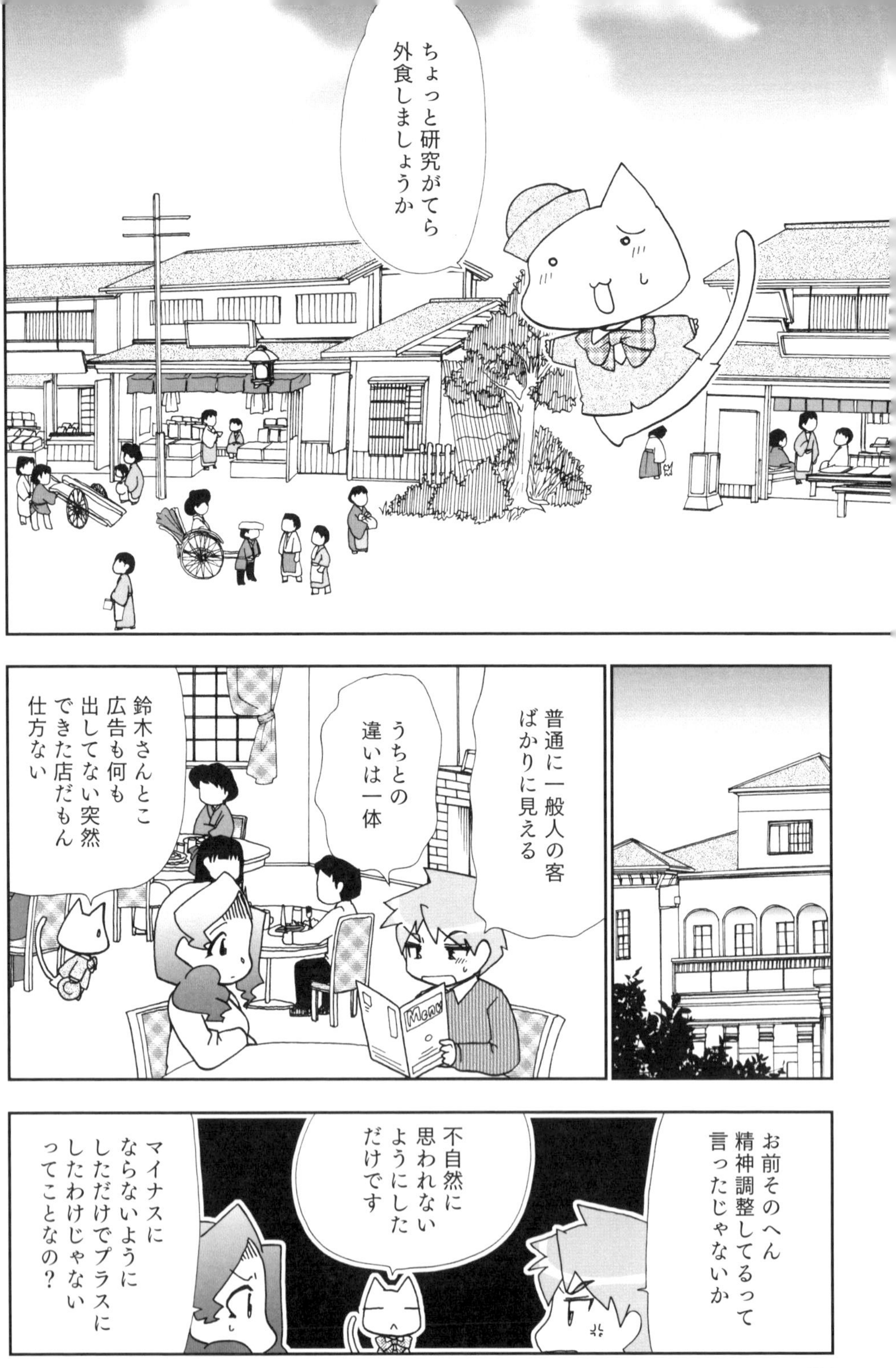
ちょっと研究がてら外食しましょうか
普通に一般人の客ばかりに見える
うちとの違いは一体
鈴木さんとこ広告も何も出してない突然できた店だもん仕方ない
お前そのへん精神調整してるって言ったじゃないか
不自然に思われないようにしただけです
マイナスにならないようにしただけでプラスにしたわけじゃないってことなの？

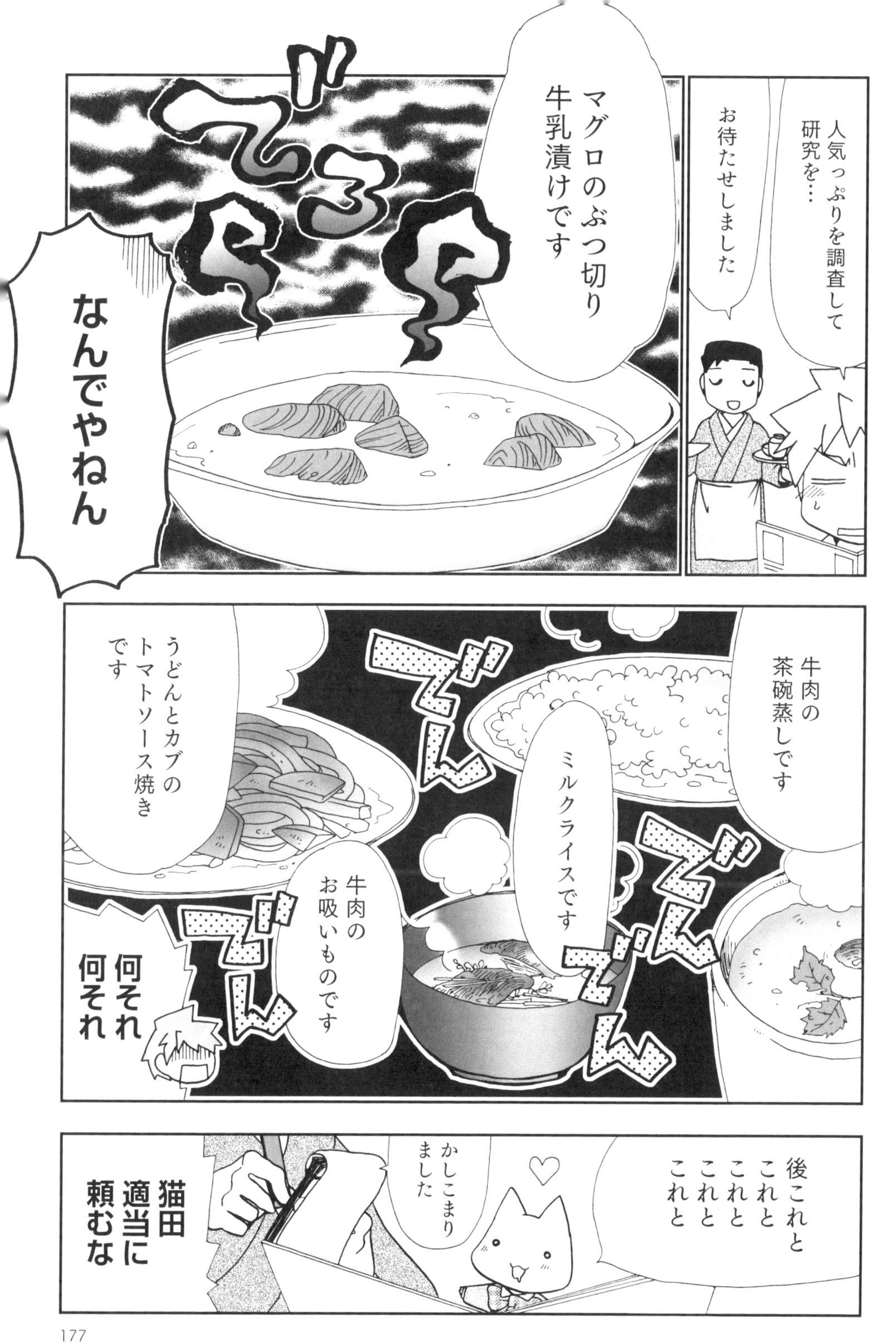
人気っぷりを調査して研究を…
お待たせしました
マグロのぶつ切り牛乳漬けです
なんでやねん
牛肉の茶碗蒸しです
ずん
ずん
ミルクライスです
うどんとカブのトマトソース焼きです
ずん
牛肉のお吸いものです
ずん
何それ何それ
後これとこれとこれと
かしこまりました
猫田適当に頼むな

なんでこんな
変なメニュー
ばっかり
こんなのに俺
負けたの!?
ちゃんと私
説明したじゃ
ないですか
料理人の皆様は
洋風の調理法や食材を
何とか自分のものにしようと
試行錯誤したって
普通に塩コショウで
焼けばいいのに…
それだけでステーキ♥
それも
難しいんですよ
ホラ江戸時代の
台所って一般的に
こんなでしょ
フライパンが
ないんです!
あっ
なるほど
今ではすごく
一般的な
道具なのに
そっか
基本的な
調理方法の
常識から
違ってたんだ
慣れなくて
大変だった
でしょうね
……

牛肉の酢みそあえです
新しい食材を日本風の料理法で何とか…ってことか
……
お待たせしました
豚肉の刺身です
それは その料理法じゃダメえええ!!
豚肉は生だと寄生虫がいるかもね♡

ドジョウのトマトシチュー
カレーの味噌汁
カバ焼きマスタードあえ
メチャクチャすぎる
だから試行錯誤してたんですって
しこ…っ
……
…………
?
さあ明治時代の皆様が苦労して試行錯誤してる中おいしい洋食を作ってチートしてちやほやされて下さい
うっ
それがお望みだったんでしょ!
うっ!
グサ
グサ

むぎゅっ
ゲームはもうやめた
ええ〜
変に思われて
ちゃんと料理として評価されにくい
厳しい時代
料理人はすごく苦労してるんだろうよ
それを
未来の知識でちやほやされようだとか…

そうね…
確かに
考えなしだった
しゅん
えっ
ええっ!?
せっかく色々
手配してあげたのに
私の企画書は
どーなるんですか
知らね
ひどい鈴木さん
ひどすぎるう
おいしかったです
料理人の方に
ごあいさつを
料理長――
お客さんが
会いたいって
コンコン
カチャ

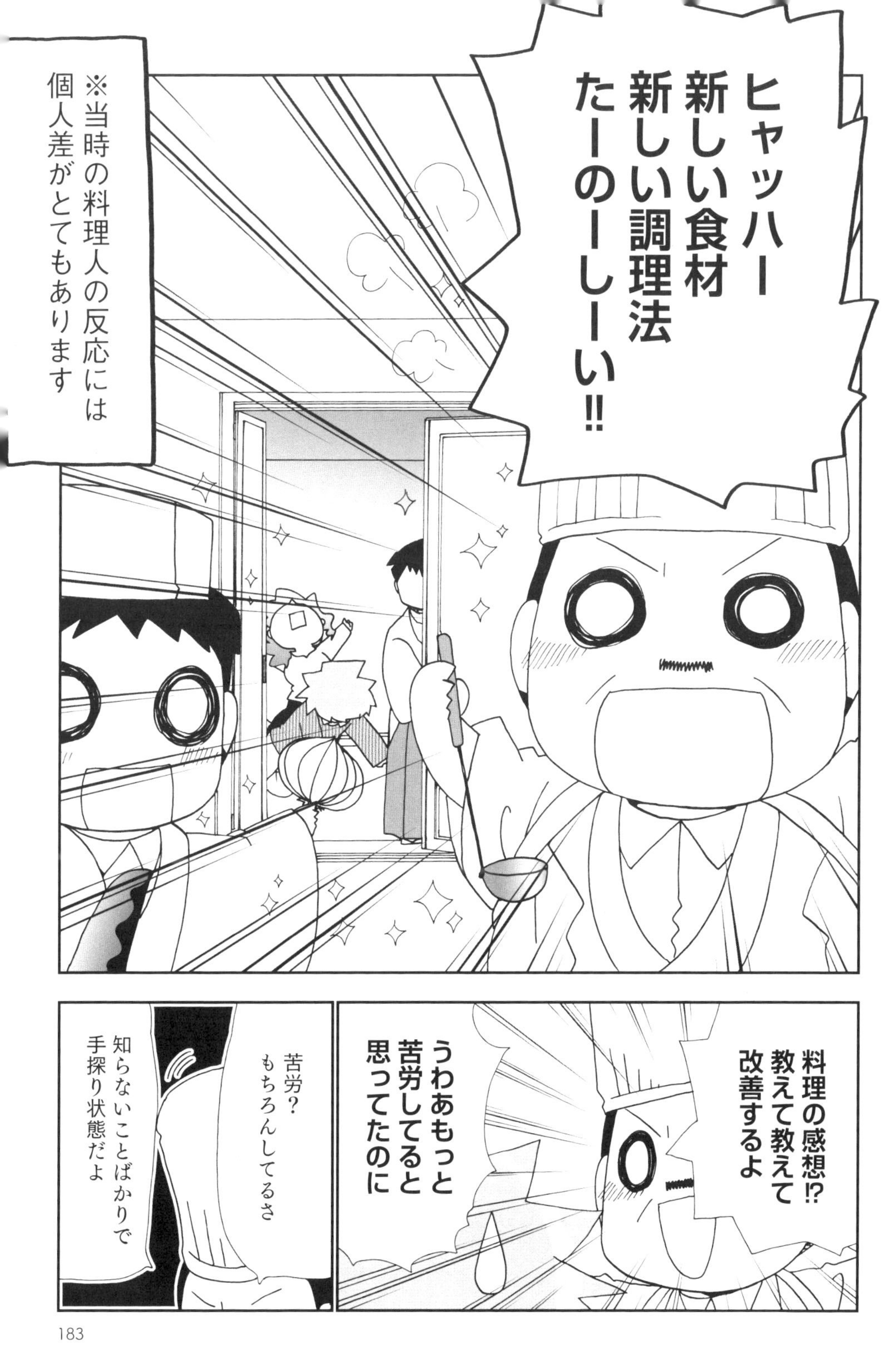
ヒャッハー 新しい食材 新しい調理法 たーのーしーい!!
※当時の料理人の反応には個人差がとてもあります
料理の感想⁉ 教えて教えて改善するよ
うわあもっと苦労してると思ってたのに
苦労？ もちろんしてるさ
知らないことばかりで手探り状態だよ

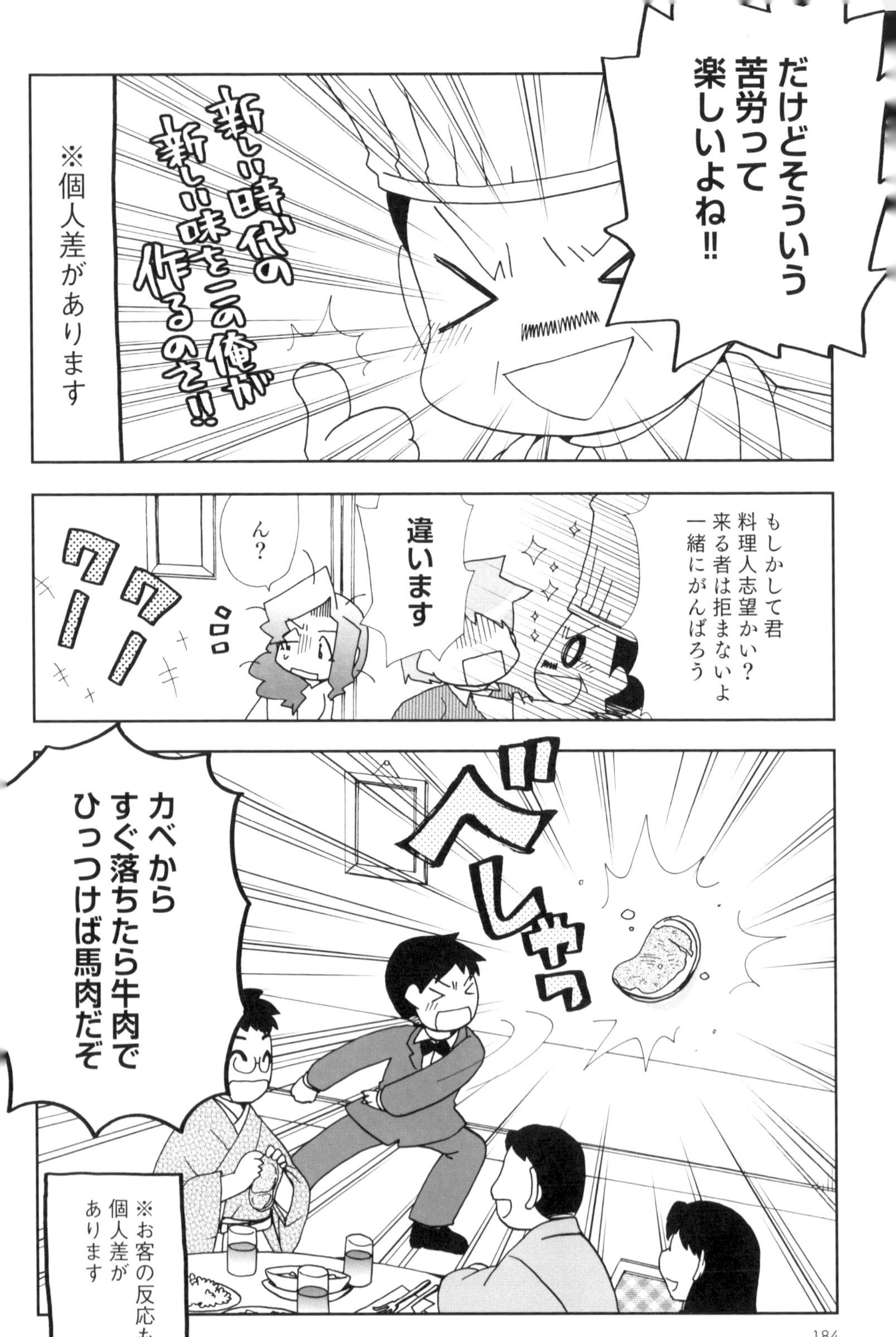

だけどそういう苦労って楽しいよね!!
新しい時代の新しい味をこの俺が作るのさ!!
※個人差があります
もしかして君料理人志望かい？来る者は拒まないよ一緒にがんばろう
違います
ん？
ベシャッ
カベからすぐ落ちたら牛肉でひっつけば馬肉だぞ
※お客の反応も個人差があります

牛肉の需要が増えてくると馬肉を混ぜて売る悪徳御者が出てきて
こうやって試す？若者が出たんです
夏目漱石の「三四郎」にも書いてある
あの肉どーすんの⁉そのまま食べんの⁉
汚なくない⁉
べしっ
ぼと
やめろうちのはちゃんと牛肉だぞ
疑われて怒るのは怪しい
ワーワー
なんて…なんて自由でたくましい時代なんだ
ついていけないわこんな時代でチートなんてムリだったんだわ
ズン

ああフッーに洋食おいしい
うめぇ
自分の作ったごはんおいしい私天才～～
ひとつ学習した
ちやほやされる為過去に行くとか不純だしやめた方がいい
都合のいい世界なんて物語の中にしかないのよね
えー～
そんなこと言わないで
そもそも
猫田が関わった時点で間違いなくうまくいかねーんだよ！
ひどい

COLUMN

07

西洋料理のマナーに四苦八苦

「包丁（ナイフ）を右手に持って肉を小さく切り、これを左手の肉刺（フォーク）に突っかけて食べること。包丁の先に物を載せて直接口に入れるのは甚《はなは》だ行儀の悪いことである。（略）汁物や茶を飲むときも音をたてることは行儀が悪いことである」。これは慶応3年（1867）、いち早く西洋の文化を伝えた『西洋衣食住』に記されたテーブルマナーの説明です。すでに「すする」行為が、西洋式のテーブルマナーでは違反だと指摘されています。

明治に入ると、西洋の風俗と料理を伝える本が次々と出版されました。ところが本によってはマナーの説明がまちまちなことも。フィンガーボールについて「これで口を洗うのは無礼である」とあるのに対し、一方では「これで唇を洗う」とする始末。これには当時の人々も大いに困惑したでしょう。

また、当時の書籍にはテーブルナプキンを風呂敷と勘違いし、食べきれなかった料理を包んで持ち帰った滑稽話や、食器の使い方が分からず流血騒ぎに進展した事件など、慌てふためく日本人の姿も語られています。

現代の私たちからすれば笑い話のような日本人の姿も、西洋列強と対等に渡り合おうとする政府高官達にとっては死活問題でした。明治4年（187

1）に出航した岩倉使節団では、船内でテーブルマナーが問題になります。大半の団員はナイフやフォークの使い方も知らないため、船のボーイがあ然とする食事風景が繰り広げられていたのです。洋行経験者で元福岡藩士の平《ひら》賀義質《がよしただ》は「これではいけない。テーブルマナーが悪いと西洋人の侮りを受ける」と岩倉具視に建言し、船内でテーブルマナーの講習が行われました。

一方、日本国内ではフランス料理が皇室による公式行事の晩餐会の正餐《せいさん》とされました。ただし、近代天皇制はイギリス王室を手本としたため、テーブルマナーなどはイギリス式が採用されました。西洋式のマナーに精通することを求められたのは、皇族や官吏だけではありません。軍人、特にイギリス式を導入していた海軍では西洋の食事作法を身に付けることが義務付けられていました。日本で最初の本格的な西洋式レストラン「精養軒《せいようけん》」での食事が奨励され、月末に精養軒への支払いが少ない士官は注意を受けたといいます。

明治も半ばを過ぎた明治30年代でも、「日本人は西洋料理店に入るともろ肌、あるいは片肌を脱いで腕まくりをし、ナイフとフォークを叩き立てる」と報じられていました。しかしこれは、和服を着た日本人が慣れないナイフとフォークに緊張し、少しでも動きやすくしようと浴衣感覚で脱いでしまったとも推測できます。テーブルマナーと格闘する日本人の姿は、異文化を受け入れようと精一杯工夫する懸命な姿ともいえるのではないでしょうか。

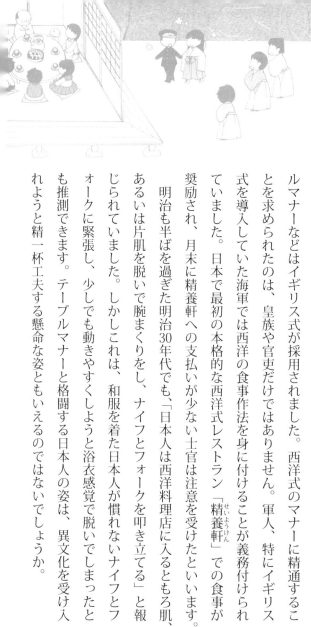

参考文献

「おもろ遠眼鏡」(神奈川新聞社)
「教科書には載っていない!明治の日本」熊谷充晃(彩図社)
「明治・日本人の住まいと暮らし　モースが魅せられた美しく豊かな住文化」エドワード・S・モース(紫紅社)
「日本の伝統の正体」藤井青銅(柏書房)
「近代女性史」宮城道子(現代書館)
「明治の<青年>」和崎光太郎(ミネルヴァ書房)
「近代アジアの自画像と他者」貴志俊彦(京都大学学術出版会)
「おもしろ文明開化百一話」鳥越一朗(ユニプラン)
「温泉と日本人」八岩まどか(青弓社)
「入浴・銭湯の歴史」中野栄三(雄山閣出版)
「銭湯の謎」町田忍(扶桑社)
「図説　日本住宅の歴史」平井聖(学芸出版社)
「日本住宅の歴史」平井聖(日本放送出版協会)
「いれずみの文化誌」小野友道(河出書房新社)
「日本の刺青と英国王室」小山騰(藤原書店)
「イレズミと日本人」山本芳美(平凡社)
「イレズミの世界」山本芳美(河出書房新社)
「刺青墨譜」斎藤卓志(春風社)
「身体の文化人類学」吉岡郁夫(雄山閣出版)
「パンの日本史」安達巌(ジャパンタイムズ)
「西洋菓子彷徨始末」吉田菊次郎(朝文社)
「とんかつの誕生」岡田哲(講談社)
「明治・大正・昭和の食卓」ハウス食品株式会社ヒーブ室(グラフ社)
「裸はいつから恥ずかしくなったか」中野明(新潮社)
「欧米人の見た開国期日本」石川栄吉(風響社)
「眉の文化史」ポーラ文化研究所
「ちゃぶ台の昭和」小泉和子(河出書房新社)
「図説日本の『間取り』」建築資料研究所
「拙者は食えん!」熊田忠雄(新潮社)
「明治おもしろ博覧会」横田順彌(西日本新聞社)
「明治東京庶民の楽しみ」青木宏一郎(中央公論新社)
「入浴の解体新書」松平誠(小学館)
「不美人論」陶智子(平凡社)
「維新の留学生」上垣外憲一(主婦の友社)
「黒髪と美女の日本史」平松隆円(水曜社)
「江戸300年の女性美」村田孝子(青幻舎)
「藩史物語」八幡和郎(講談社)
「異人たちが見た日本史」内藤孝宏(洋泉社)
「化粧の日本史」山村博美(吉川弘文館)
「明治・大正　日本人の意外な常識」後藤寿一(実業之日本社)
「図解　江戸の暮らし事典」河合敦(学研プラス)
『化粧せずには生きられない人間の歴史』石田かおり(講談社)
石田かおり「身体とジェンダーの近代　男性の化粧史と若者の流行意識から」『現象学年報』16号
小川修平「英語教育の歴史的展開にみられるその特徴と長所」『盛岡大学紀要』34号
『熱海温泉誌』(熱海市)
桑原桃音「配偶者選択の歴史社会学のための文献研究(2)」『龍谷大学社会学部紀要』36号
小倉敏彦「赤面する青年　明治中期における〈恋愛〉の発見」『社会学評論』50巻3号
『明治文化史 第13巻風俗』(原書房)
『日本の住文化再考』鈴木紀慶(鹿島出版会)
『刺青とヌードの美術史』宮下規久朗(NHK出版)
『日本の洋食』青木ゆりこ(ミネルヴァ書房)

［コラム執筆］飯山恵美

［監修］かみゆ歴史編集部

もぐら

哺乳綱トガリネズミ目モグラ科モグラ属。
愛媛県松山市の片田舎に在住。最近飼い猫のダイエットに悩んでいる。
飼い主目線では十分スレンダーな美猫だと思うのに、なぜか獣医さんからあと200グラム落とせといわれている。目標体重が遠い。
他の著書に「うちのトコでは」(飛鳥新社)、「御かぞくさま御いっこう」「ご当地あるあるワイドSHOW」「日本三大〇〇調査隊！」(竹書房)、旅エッセイコミック「トコトコ」シリーズ（JTBパブリッシング）など。

おかしな猫《ねこ》がご案内《あんない》
ニャンと明治《めいじ》時代《じだい》はこうだった
2019年９月10日　初版第１刷発行

［著者］　もぐら

［発行者］　小川真輔

［発行所］　KKベストセラーズ
〒171-0021　東京都豊島区西池袋五丁目二六番一九号 陸王西池袋ビル四階
電話　03-5926-5322（営業）
　　　03-5926-6262（編集）
http://www.kk-bestsellers.com/

［ブックデザイン］原口恵理（NARTI;S）
［印刷所］近代美術
［製本所］フォーネット社
［DTP］三協美術

定価はカバーに表示してあります。
乱丁、落丁本がございましたら、お取り替えいたします。
本書の内容の一部、あるいは全部を無断で複製複写（コピー）することは、法律で認められた場合を除き、
著作権、及び出版権の侵害になりますので、その場合はあらかじめ小社あてに許諾を求めてください。
ISBN 978-4-584-13919-6 C0095 ©Mogura 2019 Printed in Japan